抛開原有常識，笑侃名著！

國文老師沒教過的三國

ROMANCE OF THE THREE KINGDOMS

憶江南 著

序

四大名著的虛與實

「四大名著」是中國人乃至世界人都非常熟悉的文學經典，無論是《三國演義》的分與合，還是《水滸傳》的忠與義，無論是《西遊記》的佛與道，還是《紅樓夢》的情與恨，都深深地融入每個華夏兒女的精神。有趣的是，《三國演義》、《水滸傳》、《西遊記》、《紅樓夢》這四部經典名著恰好代表中國古代小說的四種類型：歷史演義小說、英雄傳奇小說、神話小說和世情小說，而且，前三部都是各自所屬類型的開山之作和頂峰之作。

《三國演義》的故事內容是七分真三分假，所謂「七實三虛」是也，而「顯劉備之長厚而似偽，狀諸葛之多智而近妖」則是其中的典型之一。那麼，究竟書中的哪些人、哪些事是歷史的真實再現，哪些人哪些事是作者的藝術創造呢？答案盡在《國文老師沒教過的三國》一書中。

和《三國演義》的「七實三虛」相反，《水滸傳》的真實度是「三實七虛」。《水滸傳》中最精彩的部分都是圍繞著虛構的人物和故事展開的，魯提轄拳打鎮關西如是，林教頭風雪山神廟亦如是；七星智取生辰綱如是，景陽岡武松打虎亦如是；宋江潯陽樓題反詩如是，真李逵路遇假李逵亦如是。其實，這也恰好符合文藝創作的一種規律——畫鬼容易畫人難，鬼者，虛構之人之事也；人者，實有之人之事也。

雖然《西遊記》是部神話小說，其實它也有一定的寫實性，至少唐僧取經的故事在歷史上是真實存在的。唐僧取經路上的山河國家看似子虛烏有，無處可覓，實際上相當一部分是有地理原型的——火焰山就是吐魯番的火焰山；流沙河就是新疆、甘肅交界處的八百里流沙；碧波潭就是吉爾吉斯的伊賽克湖；西梁女國就是西域的東女國。

四大名著之中，最不真實的是《紅樓夢》，最真實的也是《紅樓夢》，為什麼這麼說呢？說《紅樓夢》最不真實，是因為書中的人物形象沒有一個歷史真人，無論高高在上的王公貴族，還是吃苦受累的田夫農婦；無論風花雪月的小姐公子，還是飲食男女的丫鬟小廝，都來自曹雪芹的想像王國，都是現實中尋覓不到的文學人物。說《紅樓夢》最真實，是因為小說中的絕大多數人物都有生活原型，而且都是曹雪芹非常熟悉的身邊人，筆者最近一個發現則可以進一步證明這一點。這個發現就是賈寶玉的賈其實是曹雪芹的曹的變體。中華姓氏成百上千，曹雪芹為什麼讓寶玉姓賈呢？將真事隱（甄士隱）去，用假語存（賈雨村）言的含義之外，還有這層良苦用心。

本書將為你解開《三國演義》虛實背後的祕密，伴你步入繁花似錦、如夢如幻的名著世界……

憶江南

二〇一八年一月一日於蘇杭齋

三國英雄人物譜

衛國篇

▲魏國武官

- **夏侯惇**，字元讓，西漢開國元勛的後代，是魏國早期將領之一。反攻呂布時被流矢射傷左目，敗北而回，從此被人稱為「盲夏侯」。
- **典韋**，東漢末年曹操部將，相貌魁梧、臂力過人，參與濮陽之戰擊退呂布，救曹操於火海之中，後來張繡背叛曹操，典韋為保護曹操而獨擋叛軍，因寡不敵眾而戰死。
- **許褚**，字仲康，三國時期曹魏猛將，官渡之戰時發現欲謀害曹操者，將刺客全部殺掉；隨曹操征討韓遂、馬超於潼關時，一手舉著馬鞍為曹操擋箭，一手撐船，救曹操性命。

- **張遼**，字文遠，曾從屬丁原、董卓、呂布，呂布敗亡後轉投曹操，南征北討，戰功累累。陣斬烏桓王蹋頓，擊破烏桓；合肥大戰，攻破孫權江西營，威震東吳。

- **徐晃**，字公明，本為楊奉帳下騎都尉，楊奉被曹操擊敗後，轉投曹操。參與官渡、赤壁、關中征伐、漢中征伐等重大戰役，樊城之戰中，徐晃在此役中治軍嚴整，被曹操稱讚為「有周亞夫之風」。

- **夏侯淵**，字妙才，東漢名將，擅長千里奔襲作戰，官至征西將軍。官渡之戰為曹操督運糧草，又督諸將先後平定昌豨、徐和、雷緒、商曜等叛亂。

- **曹仁**，字子孝，曹操的族弟。隱強破劉備、定宛縣叛亂。襄樊之戰中以數千兵馬堅守城中。

- **諸葛誕**，字公休，蜀漢丞相的族弟，平定毌丘儉、文欽的叛亂，一戰封侯，身居高位。

- **樂進**，字文謙，身形短小，但是勇武過人，是曹操招納有志之士時，最早投靠曹操的武將。官渡之戰中，斬袁紹部將淳于瓊，從擊袁譚、袁尚，斬其大將嚴敬。

- **于禁**，字文則，曹操早期得到的將領，是排名第一的外姓將軍，位居五子良將之首。跟隨曹操討伐黃巾餘黨，因於張繡叛亂中堅守營壘，因此曹操稱讚他可與古代名將相比。官拜左將軍、安遠將軍。

▲魏國文官

- **司馬懿**，字仲達，魏國傑出的政治家、軍事家，西晉王朝的奠基人。曹丕，曹叡三朝，軍事上抵禦諸葛亮北伐和遠征平定遼東，內政上發展屯田、水利等農耕經濟。司馬炎稱帝後，追尊司馬懿為宣皇帝，廟號高祖。
- **荀彧**，字文若，著名的政治家、戰略家。曹操的首席謀臣和功臣，為曹操制定並規劃了統一北方的藍圖和軍事路線，是曹操戰略方針上的引路人。戰術上平呂布叛亂而保全兗州三城，奇謀扼袁紹於官渡。政治上為曹操舉薦了鍾繇、荀攸、陳群、杜襲、戲志才、郭嘉等大量人才。

• **郭嘉**，字奉孝，曹操手下謀士，有著名的《十勝十敗論》，分析曹操和袁紹之間的優劣，鼓舞曹操信心和士氣，為曹操統一中國北方立下了功勳。

• **賈詡**，字文和，曹操手下謀士，東漢末年至三國初年制著名謀士、軍事戰略家，曹魏開國功臣，是可與荀彧、荀攸齊名的謀士，張繡曾用他的計策兩次打敗曹操，曹操與關中聯軍相持渭南時，賈詡獻離間計瓦解馬超、韓遂，使得曹操一舉平定關中。

• **荀攸**，字公達，荀彧的侄子，與荀彧和賈詡並列天下第一，獻奇計水淹下邳城，活捉呂布，官渡之戰荀攸獻計聲東擊西，斬殺顏良和文丑，據說他生前設奇策共十二計，遺憾的是未流傳下來。

• **程昱**，字仲德，曹魏謀士、名臣，為魏國出謀獻策、征戰四方，魏朝開國元勛之一。

• **劉曄**，字子揚，光武帝劉秀的後代，曹操手下舉足輕重的謀士，曹氏三代元老，多次提出優秀的戰略建議。採用恩威並施計策平定北方的山賊陳策，識別出張魯軍營鬆散，主張進攻而不是撤退，曹操於是進攻張魯，平定漢中。

- **董昭**，字公仁，初任袁紹帳下參軍，但是袁紹聽信讒言，投奔張楊，後遇曹操獻計將漢獻帝迎接到許昌，自此成為曹操的謀士，曹操受封魏公、魏王的謀劃都是出自董昭之手。代表作有《上明帝表》、《陳末流之弊疏》。
- **徐庶**，字元直，初為劉備帳下謀士，後因其母被曹操俘虜，而被迫投靠曹操，在荊州時與諸葛亮和龐統相交甚篤，劉備在新野時，徐庶曾向劉備推薦諸葛亮。

蜀國篇

▲蜀國武將

- **關羽**，字雲長，三國時期蜀國著名將領。被人稱道的事跡有陣斬顏良，千里走單騎，單刀赴會。然而最後被呂蒙打敗，敗走麥城，關羽去世後，逐漸被神化，清代奉為「忠義神武靈佑仁勇威顯關聖大帝」。

- **張飛**，字益德，三國時期蜀國著名將領，與馬超並列，不同的是張飛手握實權。三國演義中張飛勇猛、魯莽、嫉惡如仇，實際上張飛歷史上也是殘暴，喜鞭將士。
- **趙雲**，字子龍，三國時期蜀國名將。趙雲遂義軍投靠公孫瓚，期間結識了劉備，不久兄長死後離開，於七年後再次遇見劉備後，開始效力於蜀漢，著名事跡有長坂救主，桂陽拒婚、諫止分封、空營拒曹、諫阻伐吳等，被譽為常勝將軍。
- **馬超**，三國時期蜀國名將，與張飛並列。實際上，馬超曾經集結割據一方，然有勇無謀，起兵發曹，一敗再敗，最後投靠劉備。雖然地位很高，實際上一直得不到劉備的重用，最後抑鬱而終。
- **黃忠**，字漢升（《蜀志》中作「漢叔」），蜀漢三老將之一，也是蜀國五虎上將之一。投靠劉備後，在定軍山戰役中，面對夏侯淵的精兵良將，黃總推鋒必進，身先士卒，將夏侯淵斬殺於定軍山，從此聲名大噪。

- **嚴顏**，蜀漢三老將之一，初為部下，戰敗被張飛所俘，寧死不屈，不接受投降，張飛敬佩嚴顏的勇氣，遂釋放嚴顏並以嚴顏為賓客。後續事跡史書未有記載，唐貞觀八年，朝廷諡嚴顏為「壯烈將軍」，並追封嚴顏為忠州刺史。忠州人為了紀念他，將其出生地取名將軍溪，所在地名。
- **廖化**，本名淳，字元儉，蜀漢三老將之一，以勇敢果斷著稱，多次參與北伐活動，擊敗南安郡太守游奕，射殺廣魏郡太守王贇，隨防禦魏將、伐蜀。廖化最初為主簿，兵敗被吳國俘虜，但用計逃回，隨劉備伐吳。
- **魏延**，字文長，蜀漢名將，作戰英勇，並有將略，屢立戰功，深得蜀主劉備信任，丞相諸葛亮重用。然而因為多次向諸葛亮請求領兵未得到允許而心生不滿，與長史楊儀不和，諸葛亮死後，兩人矛盾激化，相互爭權，魏延敗逃，為馬岱所追斬，並被夷滅三族。
- **馬岱**，三國時期蜀漢將領。由於相關史料卻乏，推論馬岱很有可能隨馬超征伐四方。
- **馬謖**，字幼常，馬良之弟。初以從事身份跟隨入蜀。馬謖才器過人，好論軍計，諸葛亮向來對他深為器重。然而在街亭布陣時，因違背諸葛亮作戰指令，而導致失守，撤軍後被諸葛亮斬首。

▲蜀國文官

- **劉備**，字玄德，三國時代蜀漢開國皇帝，師從大學者盧植，與公孫瓚是同門師兄，為人重義氣，手下集結了眾多有志青年。黃巾之亂時參加起義軍，開始嶄露頭角，三顧茅廬，問計於諸葛亮，經過赤壁之戰打敗曹操後，確定了三分天下的局面。
- **諸葛亮**，字孔明，號臥龍，三國時期著名的政治家，軍事家，戰略家，外交家，發明家，文學家。蜀國首席智囊。政治上，撫百姓，示儀軌，約官職，從權制，開誠心，布公道；軍事上，赤壁之戰大敗曹操，多少北伐；戰略上，與劉備隆中決策，確定三分天下的戰略；外交上，外聯吳抗魏；著名作品有《出師表》《誡子書》等；是中國傳統文化中忠臣與智者的代表人物。

● **龐統**，字士元，號鳳雛，是可與諸葛亮齊名的謀士，協助劉備征伐天府之國的四川之地巴蜀，於劉備與劉璋決裂之際，獻上上中下三條計策，劉備用其中計。進圍時，龐統率眾攻城，不幸中流矢而亡，年僅三十六歲，追賜統為關內侯，謚曰靖侯。

● **蔣琬**，字公琰，「蜀漢四相」之一，初期不理政事而不被重用，且險些被賜死，經諸葛亮求情開始被重用，後開始屢受提拔。諸葛亮病逝後接任其職責，總攬蜀漢軍政，沉著冷靜，有條不紊的言行，安定了諸葛亮死後眾人的危懼之心。

● **董允**，字休昭，「蜀漢四相」之一，三國時期蜀漢重臣，以身作則，領正下士。

● **費禕**，字文偉，與諸葛亮、蔣琬、董允並稱為蜀漢四相，深得諸葛亮器重，屢次出使東吳，屢次被東吳官員言辭刁難，而能據理以答，辭義兼備，被孫權所賞識。諸葛亮死後，初為後軍師，再為尚書令，官至大將軍，費禕主政時，執行休養生息的政策，增強了蜀漢國力。

● **馬良**，字季常，因眉毛中有白毛，人稱白眉馬良，馬謖之兄，馬良共有兄弟五人，人稱「馬氏五常」，而馬良是五人中最為出色，因此有「馬氏五常，白眉最良」的讚譽。馬良與諸葛亮關係友善，曾奉命出使東吳，受到孫權恭敬的接待。劉備稱帝後，任命馬良為侍中，隨同劉備東征東吳，在夷陵之戰中遇害身亡。

● **楊儀**，字威公，三國時期政治家。初為傅群的主簿，後私自投奔關羽，任命為功曹。一直跟隨戰鬥直到諸葛亮去世。雖才幹敏達，但心胸狹隘，諸葛亮歿後，成功除掉政敵魏延，後因升遷受阻而心懷怨懟，口出反逆之言而下獄，終在獄中自盡。

● **法正**，字孝直，東漢末年劉備帳下謀士，睚眥必報，善於奇謀，死後被追諡為翼侯，是劉備時代唯一一位有諡號的大臣。

吳國篇

▲吳國君王

- **孫堅**，字文台，東漢末年江東地區割據諸侯，是孫吳基業的奠基人。春秋時期軍事家孫武的後人，參與了黃巾起義和討伐董卓戰役，斬殺華雄，大破董卓。官至破虜將軍，又被稱為「孫破虜」。後與劉表作戰時身亡，孫權即位後，被追諡為武烈皇帝。
- **孫策**，字伯符，孫堅長子、吳大帝孫權長兄，父親去世後繼承父親遺業，東吳事業奠基人。先後討伐揚州刺史劉繇、會稽王朗和吳郡嚴白虎、袁術，後統一江東。基本奠定了孫吳的基本版圖。孫策英勇無雙，其治軍嚴整，軍紀嚴明，和周瑜合稱江東雙璧。由於年輕氣盛，難免處事不慎、好勇鬥狠，為日後遇刺種下了禍根，死時年僅二十六歲。
- **孫權**，字仲謀，孫吳開國皇帝，長兄死後繼承其勢力，成為一方諸侯。吸取了父親和兄長橫死的教訓後，不再貿然擴大勢力範圍而是用心經營江東，政治上與劉備建立孫劉聯盟，並於赤壁之戰中擊敗曹操，奠定三國鼎立的基礎。三國中是最後一個稱帝的，可能是那的這種不冒進的政策也是三國中最後一個滅亡的。

▲吳國武官

- **周瑜**，字公瑾，東吳四英將之一，三國時期名將，東吳四大名督之首。出身名門，長相俊美，范成大稱讚周瑜為「世間豪傑英雄士、江左風流美丈夫」。文武雙全，文能輔佐孫策平定江東，武能赤壁擊敗曹操，南郡擊敗曹仁。
- **呂蒙**，字子明，汝南富陂人，東漢末年吳國名將，屢建戰功，攻占皖城，智取長沙、零陵、桂陽三郡，跟隨孫權南征北戰。呂蒙起初只是一名武將，不願學習，經孫權勸說後開始讀書，識見精博，漸能克己讓人。
- **程普**，字德謀，江東十二虎臣之首，相貌英俊，文武雙全，歷仕孫堅、孫策、孫權三任君主，跟隨孫堅討伐過黃巾、董卓，又助孫策平定江東，與張昭等人共同輔佐孫權，並討伐江東境內的山賊，功勳卓著。

● **黃蓋**，字公覆，江東十二虎臣第二位，零陵泉陵人，姿貌威嚴，善於養眾，為官決斷，事無留滯，輔助孫堅、孫策、孫權三朝。平定山越諸部族，在赤壁之戰中詐降，獻計火攻。

● **韓當**，字義公，江東十二虎臣之一，遼西令支人，長於弓箭、騎術並且膂力過人，歷仕孫堅、孫策、孫權三代，隨從其征伐四方，功勳卓著，對江東局勢的穩固和發展有重要影響，官拜昭武將軍，領冠軍太守，石城侯。

● **蔣欽**，字公奕，江東十二虎臣之一，九江壽春人，早年隨孫策平定丹陽、吳郡、會稽和豫章四郡。平盜賊，討會稽賊呂合、秦狼等，又與賀齊并力討平黟賊。從征合肥，因功遷盪寇將軍，領濡須督。

● **周泰**，字幼平，江東十二虎臣之一，九江下蔡人，孫策平定江東時與同郡蔣欽一起加入孫策軍，孫權愛其為人，向孫策請求讓周泰跟隨自己，多次救孫權於危難，為表彰周泰為東吳出生入死的功績，而獲賜青羅傘蓋。

● **董襲**，字元代，江東十二虎臣之一，會稽餘姚人，身高八尺，武力過人，孫策見他甚為奇偉，十分欣賞，隨孫策討伐山陰賊黃龍羅、周勃時，親自斬殺黃龍羅、周勃二人首級。建安四年，再次隨孫策攻打皖，在尋陽征討劉勛，到江夏討伐黃祖。

- **甘寧**，字興霸，江東十二虎臣之一，巴郡臨江人，三國時期吳國名將。少年時為非作歹，搶劫他人財物。青少年時開始熟讀諸子百家，跟隨劉表和黃祖，但不被重用，跟隨孫權後才開始建功立業。官至升城督，折衝將軍。

- **徐盛**，字文響，江東十二虎臣之一，琅邪莒縣人，早年抗擊黃祖，劉備伐吳時，徐盛跟隨陸遜攻下蜀軍多處屯營，曹丕大舉攻吳，吳國依徐盛的建議在建業外圍築上圍牆，曹丕被迫退走。

- **潘璋**，字文珪，江東十二虎臣之一，兗州東郡發干人，一生為孫權東征西討，在合肥之戰、追擒關羽、夷陵之戰、江陵保衛戰中多次立下戰功。

- **丁奉**，字承淵，江東十二虎臣之一，廬江安豐人，年少時即驍勇善戰，屢立功勳，東興之戰中大破進犯東吳的魏軍，吳景帝孫休在位時，設計除掉了東吳的權臣孫綝大將軍。

- **朱桓**，字休穆，吳郡吳人，以勇烈聞名，曾在濡須之戰擊敗曹仁，一戰成名；多次抵禦曹魏的侵擾。
- **陸遜**，字伯言，東吳四英將之一，吳郡吳人，本名儀，江東大族，三國時期吳國政治家、軍事家。出身旺族，孫權招賢納士時，成為孫權統治集團的幕僚。深得孫權器重，一生出將入相，被讚為「社稷之臣」。
- **陸抗**，字幼節，丞相陸遜次子，鳳凰元年（二七二年），擊退晉將羊祜進攻，並攻殺叛將西陵督步闡，與陸遜皆是吳國的中流砥柱。

▲吳國文官

- **魯肅**，字子敬，中國東漢末年傑出戰略家、外交家，是與蜀國諸葛亮齊名的謀略家。因提出鼎足江東的戰略規劃，而得到孫權的賞識，吳國的首席智囊，與周瑜一文一武保衛江東，孫劉聯盟和借荊州都是出自他之手。
- **顧雍**，字元嘆，漢末至三國時吳國重臣，為人寡言少語，舉止大體。「魏晉八君子」之一。為相十九年，少時受學於蔡邕，精通琴藝書法。死時年七十六，孫權素服臨吊，賜謚「肅」。

• **步騭**，字子山，三國時期重臣，東吳五謀臣之一。為周代大夫楊食後代，因其采邑在步這個地方，遂以步為氏，孔子七十弟子之一步叔是其族人。孫權被曹操表為討虜將軍，步騭投靠孫權門下，因平定地處偏遠而難以管制的交州有功，加官平戎將軍，封廣信侯。後遷右將軍、左護軍，改封臨湘侯，主要作品有《上疏論典校》、《上疏獎勸太子登》。

• **朱治**，字君理，三國時期吳國武將，戰功著重，每次進見，孫權都親自迎接。初平二年（一九一年），關東聯軍討伐，朱治隨孫堅大破董卓於陽人，興平二年，輔助孫策平定江東，建安七年，參與征討夷越，平定東南。官拜安國將軍、吳郡太守。

• **張昭**，字子布，重臣，彭城人。孫策臨死前，將其弟孫權託付給張昭，張昭率群僚輔立孫權，穩定了江東局勢。孫權被封為吳王後，拜其為綏遠將軍，封由拳侯，此後曾參與撰定朝儀。兩次推讓丞相之位，晚年時不參與政事，在家著《春秋左氏傳解》及《論語注》，但均失傳。

- **諸葛瑾**，字子瑜，東吳五謀臣之一，三國時期吳國重臣，諸葛亮之兄，諸葛恪之父。胸懷寬廣，溫厚誠信，公私分明，雖與諸葛亮闊別多年，但在出使蜀國時，兄弟聚面只談論公務，私下不相往來。
- **諸葛恪**，字元遜，東吳四友之一，諸葛瑾長子，諸葛恪從小就以才思敏捷、善於應對著稱，參與了平定山嶽和東西堤戰役，孫權病危時被任命為託孤大臣之首，執掌東吳大權，孫亮即位後，開始專橫獨斷，最後被吳主設計殺死。

目錄

第二章 三國人：有人的地方，就有江湖

第三章 三國事：這些八卦你可能一無所知

第四章　三國理：亂世當中，暗藏多少玄機

第五章　三國情：看群雄相愛相殺誰輸誰贏

第六章　三國殺：穩住，我們能贏

第一章 三國戲

戲多的人內心真的很寂寞

陳宮與曹操的「塑膠花」兄弟情

《三國演義》中，提到曹操因行刺董卓失敗，在逃避官兵追捕時，有過這樣一段故事：

操與宮（在曹操父親結義兄弟呂伯奢家中）坐久，忽聞莊後有磨刀之聲。操曰：「呂伯奢非吾至親，此去可疑，當竊聽之。」二人潛步入草堂後，但聞人語曰：「縛而殺之，何如？」操曰：「是矣！今若不先下手，必遭擒獲。」遂與宮拔劍直入，不問男女，皆殺之，一連殺死八口。搜至廚下，卻見縛一豬欲殺。宮曰：「孟德心多，誤殺好人矣！」急出莊上馬而行。行不到二里，只見伯奢驢鞍前鞽懸酒二瓶，手攜果菜而來，叫曰：「賢侄與使君何故便去？」操曰：「被罪之人，不敢久住。」伯奢曰：「吾已分付家人宰一豬相款，賢侄、使君何憎一宿？速請轉騎。」操不顧，策馬便行。行不數步，忽拔劍復回，叫伯奢曰：「此來者何人？」伯奢回頭看時，操揮劍砍伯奢於驢下。

曹操事後說了一句狠毒的話：「寧教我負天下人，休教天下人負我。」，陳宮也因此看透了曹操的冷酷無情，於是便棄他而去。

這個故事後來被寫入了京劇《捉放曹》，成為戲曲舞臺上歷久不衰的劇碼。於是，人們藉此認為陳宮是因為呂伯奢一家的慘死而開始痛恨曹操，然而，真正的歷史並非如此。

在歷史上，陳宮和曹操之所以結怨，是起源於一個城市的毀滅和邊讓的死亡。

邊讓，字文禮，陳留郡浚儀縣（今河南省開封縣）人，是東漢末年的名士。他博學善辯，世人莫不羨慕他的風采；長於詩賦，著有名噪一時的《章華賦》。大將軍何進風聞他的才華名聲，徵聘他為令史。在大將軍府任職的孔融、王朗等知名人士都親自登門拜訪，和他結交。大學者蔡邕也很敬重他，寫信給大將軍何進，建議應大力提拔邊讓。蔡邕在信中稱讚邊讓「心通性達，口辯辭長。非禮不動，非法不言」；認為他的「階級名位，亦宜超然」，不能「隨輩而進」，也就是說，他建議應破格提拔邊讓，不能論資排輩；他甚至指出，當時朝廷對邊讓是「大材小用」了，好像用煮牛的大鼎煮雞一樣。後來，邊讓屢次升遷，官至九江太守。

初平年間（西元一九〇～一九四年），王室大亂，邊讓棄官回到故鄉陳留郡浚儀縣。雖然他選擇了放棄功名，歸隱田園，但並沒有忘懷君王社稷，一直關注著政局的發展。

西元一九三年發生的一幕人間慘劇，燃起了邊讓胸中怒不可遏之火，這個慘劇就是徐州屠城，慘劇的製造者是大名鼎鼎的曹操。

曹操在擊潰黃巾軍之後，邀請父親曹嵩到濮陽一起生活，但是曹嵩一家在經過徐州的時候，遭到徐州刺史陶謙的部將張闓（黃巾軍降將）的伏擊，不幸全家遇難。曹操得知噩耗之後，親率大軍直奔徐州為父復仇。陶謙不敵曹軍而撤退，曹操便屠殺徐州百姓洩憤，殺了數十萬餘人，泗水因為堆滿了屍體而停止流動。

邊讓為這些不幸死難的徐州無辜百姓深感悲憤不平，對曹操血洗徐州的殘酷行徑非常痛恨，他不禁在公共場合對曹操進行口誅筆伐，沉痛批判。世家子弟出身，文人習氣濃厚的邊讓本來就對曹操閹黨之後的身分不屑一顧，所以在批判曹操時經常語帶譏諷，充滿鄙夷不屑。邊讓在當時很有名氣，深受兗州官吏和士族階層敬重，因此他的「譏議」引發了廣泛的共鳴，對曹操在兗州的形象造成很大的負面影響。

這個時期，兗州刺史劉岱在與黃巾軍作戰時逝世，以張邈、陳宮為代表的兗州官吏和士族階層原本主張曹操接任兗州牧，但是在曹操犯下徐州屠城血案之後，他們對曹操的心狠手辣感到恐懼，開始在是否迎接曹操進入兗州這個問題上猶豫不決，這時候邊讓對曹操的批判，無疑發揮了火上澆油的作用。

眼看著兗州這塊即將到手的肥肉要丟了，曹操終於按捺不住胸中的怒火，他對邊讓起了殺心。《資治通鑑》對此事做了如下記載：

前九江太守陳留邊讓嘗譏議操，操聞而殺之，並其妻子。讓素有才名，由是兗州士大夫皆恐懼。

曹操殺死邊讓本意在殺雞儆猴，給那些對他抱持懷疑態度的人一個下馬威，但其後的事態發展證明，他這個行為明顯失算，還引發了嚴重後果。

徐州屠城讓兗州官吏和士族階層對曹操產生了恐懼心理，殺害邊讓更是讓他們感到極度恐慌，他們的精神領袖——剛直壯烈的陳宮，更是對曹操徹底失去信心，他開始極力勸說中郎許汜、王楷，也邀請張邈的弟弟張超，一同勸說握有實權的張邈放棄心狠手辣的曹操，改選擇能征善戰的呂布。這一段歷史《資治通鑑》也有記載：

宮說邈曰：「今天下分崩，雄傑並起，君以千里之眾，當四戰之地，撫劍顧眄，亦足以為人豪，而反受制於人，不亦鄙乎！今州軍東征，其處空虛，呂布壯士，善戰無前，若權迎之，共牧兗州，觀天下形勢，俟時事之變，此亦縱橫之一時也。」

於是，張邈聽從了陳宮等人的建議，「以其眾潛迎布為兗州牧」。

此後，陳宮開始忠誠輔助呂布攻打曹操，可惜的是，能征善戰但缺乏心機的呂布最終被心狠手辣且老奸巨猾的曹操打敗了，不幸被俘的陳宮萬念俱灰，決意赴死，為後人留下一首殺身成仁的悲壯輓歌。

由此可見，充滿戲劇性的《捉放曹》乃是虛構的藝術作品，陳宮和曹操轉為對立的原因，不是呂伯奢一家的慘死，而是更殘酷的徐州屠城及其引發的邊讓之死所造成的結果。

宮說邈曰：「今天下分崩，雄傑並起，君以千里之眾，當四戰之地，撫劍顧眄，亦足以為人豪，而反受制於人，不亦鄙乎！今州軍東征，其處空虛，呂布壯士，善戰無前，若權迎之，共牧兗州，觀天下形勢，俟時事之變，此亦縱橫之一時也。」

憶氏白話：

如今天下大亂，豪傑四起，哥們兒你要地盤有地盤，要人口有人口，跺跺腳也是威震四方的主兒，如果還看別人眼色行事，那也太沒面子了吧！倒不如趁著曹操帶兵東征的空檔，把能征慣戰的呂布迎進來為我所用，然後等待時機，做一番大事業。

貂蟬是怎麼冒出來的？

四大名著之一的《三國演義》和歷史有著極為密切的關係，其中的人物幾乎都是有名有姓的，但有四個人物除外，他們或者有姓無名，例如江東美女大橋小橋；或者無名無姓，例如被張飛痛打的督郵；或者有名無姓，例如四大美女之一的貂蟬。

不少人把「貂蟬」寫成「貂嬋」，因為「嬋」這個字是用來形容女子姿態美好，於是讓人有了誤解。不過，這個美女的名字確實是由「狗尾續貂」的「貂」字和「噤若寒蟬」的「蟬」字組成的，那麼「貂蟬」這兩個字究竟有什麼含義？原來，「貂蟬」指的是貂尾和刻有蟬形花紋的黃金片，是東漢時期侍中、中常侍所戴禮帽上的兩種特別裝飾，後用作達官顯貴的代稱。

歷史上其實沒有貂蟬這個人，但貂蟬這個小說人物也並不是羅貫中憑空虛構出來的，她是怎樣形成的呢？

貂蟬這個小說人物是有原型的，她的原型乃是董卓身邊的一個侍女。

據《後漢書》、《資治通鑑》等記載，董卓知道自己樹敵太多，害怕遭到暗算，因此，無論去哪裡，都要求呂布擔任貼身保鑣。董卓性情剛愎，曾為一件小事，拔出手戟擲向呂布，幸虧呂布迅速閃開，不斷陪笑道歉才逃過一劫。但從這件事以後，呂布便開始暗中怨恨董卓。

什麼事讓董卓對自己的貼身保鑣如此火冒三丈呢？《三國志》中的《呂布傳》給了答案：

卓常使布守中閤，布與卓侍婢私通，恐事發覺，心不自安。

也就是說，董卓曾讓呂布負責守衛自己的內寢，呂布卻乘機與董卓的一名侍女私通，又生怕董卓察覺，心中因此惶恐不安。

《後漢書》、《三國志》及《資治通鑑》等正史都沒有提到貂蟬其人，這個名字第一次出現應該是在比《資治通鑑》稍晚的《三國志平話》。

《三國志平話》完成於宋代，出自民間藝人之手。在這本著作中，那位影響呂布和董卓的關係，從而改寫漢末歷史的那個侍女，有了名字——貂蟬。之所以為她取這樣一個名字，原因可能有二：一是「貂蟬」一詞和東漢有關，而「三國」講的正是東漢末年的故事；二是「貂蟬」聽起來頗像一個女孩的名字，於是就被套用了。

而在元雜劇《錦雲堂暗定連環計》中，貂蟬說出了自己名字的由來——「您（指王允）孩兒又是這裡人，是忻州木耳村人氏，任昂之女，小字紅昌，因漢靈帝刷選宮女，將您孩兒取入宮中，掌貂蟬冠來，因此喚做貂蟬。」

《三國志平話》和包括《錦雲堂暗定連環計》在內的元雜劇都對之後羅貫中創作小說《三國演義》產生了深刻的影響，於是有了我們現在所熟悉的貂蟬形象。

在《三國演義》中，呂布於白門樓殞命之後，貂蟬這位膽色俱佳的奇女子便從此不見蹤跡，是隨失敗的呂布同赴九泉，還是被勝利的曹操擄回許昌？還是看破紅塵飄然而去呢？這個疑問從群雄爭霸開始，一直到歸晉統一，謎底仍未解開。不知是作者無意間忽略了這樣一位重要人物，還是出於特殊考量有意識地避開不談，目前尚無從考證。

四大美女西施、王昭君、貂蟬、楊玉環分別擁有「沉魚」、「落雁」、「閉月」、「羞花」之美，但同時她們在外貌上也各有缺點。

西施從小就是個上山打柴、下河浣紗的漁家女，她的腳板自然比宮中其他女子大一點，因此她喜歡穿木屐，在木屐的對比之下，她就有了一雙纖纖玉足；西施的缺點在大腳，昭君的不足在她有兩個溜肩膀，因此她總是披著一襲有墊肩的斗篷，這樣既遮風禦寒，又揚長避短。

在中國的審美觀念中，耳垂厚有福，耳垂大有佛相，貂蟬卻不巧有一對小而薄的耳垂，因此她一直戴著兩個大耳環來遮掩這個不足；楊貴妃的缺點應該是個大問題，據說她身上有狐臭，所以她才愛天天泡在華清池裡「溫泉水滑洗凝脂」，唐玄宗沒發現這個問題可能是因為有鼻炎，嗅覺不夠靈敏的緣故吧！

劉備究竟是不是皇叔？

皇叔者，顧名思義，皇帝的叔叔也。在很多人的印象裡，中國歷史上最有名的皇叔當然是《三國演義》中那位以愛哭著稱的劉備。劉皇叔的名聲固然響亮，但他究竟是不是皇叔，卻是一件有待考察的懸案。

劉備被尊為皇叔，是出現在《三國演義》第二十回。話說曹操幫助劉備拿下徐州，生擒呂布之後，以劉備功大應該面君封爵為由，將其帶回許都。

許都冊封皇叔

《三國演義》中這樣寫道：

次日，獻帝設朝，操表奏玄德軍功，引玄德見帝。玄德具朝服拜於丹墀。帝宣上殿，問曰：「卿祖何人？」玄德奏曰：「臣乃中山靖王之後，孝景皇帝閣下玄孫，劉雄之孫，劉弘之子也。」帝教取宗族世譜檢看，令宗正卿宣讀曰：「孝景皇帝生十四子。第七子乃中山靖王劉勝。勝生陸城亭侯劉貞。貞生沛侯劉昂。昂生漳侯劉祿。祿生沂水侯劉戀。戀生欽陽侯劉英。英生安國侯劉建。建生廣陵侯劉哀。哀生膠水侯劉憲。憲生祖邑侯劉舒。舒生祁陽侯劉誼。誼生原澤侯劉必。必生潁川侯劉達。達生豐靈侯劉不疑。不疑生濟川侯劉惠。惠生東郡范令劉雄。雄生劉弘。弘不仕。劉備乃劉弘之子也。」帝排世譜，則玄德乃帝之叔也。帝大喜，請入偏殿敘叔侄之禮。帝暗思：「曹操弄權，國事都不由朕主，今得此英雄之叔，朕有助矣！」遂拜玄德為左將軍、宜城亭侯。設宴款待畢，玄德謝恩出朝。自此人皆稱為劉皇叔。

皇叔身分有待商榷

你可能會覺得上面這一段不過是枯燥乏味的「皇家家譜」，但是對劉備論輩分為漢獻帝之叔的描述言之鑿鑿，證據充分，似乎不容置疑，但實際上這段內容完全是小說家言，無論從歷史上看，還是從邏輯上判斷，都是站不住腳的。

關於這段故事，陳壽的《三國志》是這樣記載的：

曹公自出東征，助先主圍布於下邳，生擒布。先主復得妻子，從曹公還許。表先主為左將軍，禮之愈重，出則同輿，坐則同席。

這段內容和《三國演義》描寫的情節不同，陳壽根本沒有提到漢獻帝和劉備之間的會面，更不用說什麼「敘叔侄之禮」，自然也就不會有「劉皇叔」這個稱呼。

從邏輯上推理，還會發現「劉皇叔」這個論斷是荒唐可笑的。

先看一下漢獻帝是怎麼來的——漢景帝和唐姬生長沙定王劉發。劉發生春陵節侯劉買。劉買生郁林太守劉外。劉外生巨鹿都尉劉回。劉回生南頓令劉欽。劉欽生漢光武帝劉秀。劉秀生漢明帝劉莊，劉莊生漢章帝劉炟。劉炟生河間孝王劉開。劉開生蠡吾侯劉翼。劉翼生解瀆亭侯劉萇。劉萇生漢靈帝劉巨集，劉巨集生漢獻帝劉協。

由此可見，漢獻帝乃漢景帝第十三代孫。

孫。

按照《三國演義》第二十回中劉備家族的族譜世系，劉備為漢景帝的第十八代孫。

顯而易見，漢獻帝的輩分比劉備高很多，在這種情況，劉備不但做不了「劉皇叔」，連「劉皇侄」也沒資格當。

皇叔劉備之所以被小說家設定為漢景帝第十八代孫，是因為漢獻帝乃漢景帝之後的第十九個大漢皇帝，於是小說家就想當然耳地認為漢獻帝是漢景帝的第十九代孫，殊不知，有時候相鄰的兩任皇帝之間並不是父子關係，而是兄弟關係，甚至會有「皇帝侄子駕崩，叔叔繼任」這種現象出現。

皇叔不只會哭

在《三國演義》中，「皇叔」這個稱號給劉備幫了很大的忙，他最終能夠三分天下得其一，和曹操、孫權鼎足而立，在一定程度上是沾了「皇叔」這塊金字招牌的光。但在真正的歷史上，劉備能夠建功立業，分疆裂土和「皇叔」的地位其實沒有什麼關係，他憑藉的是自己的文韜武略，諸葛亮的足智多謀，關張趙雲的能征善戰，這些可都是貨真價實的本事！

可能有些人會對劉備的文韜武略提出質疑，這是因為被《三國演義》這部名著誤導的關係。「張翼德鞭打督郵」、「關雲長賺城斬車胄」、「諸葛亮火燒博望坡」都是大家非常熟悉的故事，其實，這些故事都存在張冠李戴，移花接木的問題，因為在史書《三國志》中，它們的主角不是三個人，而是同一個人，這個人不是別人，正是在大家心目中好像只會哭的劉備啊！

唐穆宗駕崩後，他的長子繼位，是為唐敬宗，穆宗的弟弟李忱從皇弟升格為皇叔；敬宗駕崩後，他的二弟即位，是為唐文宗，李忱仍然是皇叔；文宗駕崩後，他的五弟登位，是為唐武宗，李忱仍然是皇叔；武宗駕崩後，為了逃避迫害而多年裝瘋賣傻的皇叔李忱竟然被推上皇位，從三朝皇叔變身成了別人的叔皇。李忱就是唐宣宗，他的這番經歷正如他和香嚴閑禪師（另一說為黃檗上人）共同創作的那首《瀑布聯句》所寫的一樣：

千岩萬壑不辭勞，遠看方知出處高。
溪澗豈能留得住，終歸大海作波濤。

周倉竟是虛構出來的猛將

歷史上沒有周倉這號人物

在《三國演義》的眾多人物中，若論名氣，關羽身邊的周倉肯定名列前茅，但他的存在，卻隱含著一個極大的歷史問題。

在眾多讀者的印象中，周倉是這樣的一個人——關西（函谷關或潼關以西）人士，身材高大，黑面虯髯，力大無窮，粗莽豪放，性如烈火，他在相貌和性格方面與三爺張飛恰似一奶同胞，卻跟二爺關羽有著密不可分，同生共死的關係。

周倉原為黃巾軍三把手張寶的部將，張寶死後，他和同是黃巾軍的裴元紹率部嘯聚山林。關羽千里走單騎時，周倉和裴元紹一同歸順關羽，倒楣的裴元紹被趙雲誤殺，幸運的周倉卻成為了關羽的貼身護衛。

建安十六年（西元二一一年），劉備攻打成都時，周倉跟隨關羽鎮守荊州。關羽水淹七軍時，周倉曾生擒曹操陣營的猛將龐德。建安二十五年（西元二二〇年）關羽被孫權殺害之後，周倉在麥城仰天長泣，隨後拔劍自刎而死。

令人遺憾的是，周倉這樣一個生龍活虎，忠義千秋的人物卻不見於正史記載，而且有不少證據可以證明他是一個虛構的形象。

在《三國志》、《後漢書》等史籍，以及裴松之為《三國志》作注所引用的兩百多部魏晉間典籍中，均沒有周倉其人。其後的野史、雜錄也沒有周倉是關羽隨從的記載。

元代至治年間（西元一三二一～一三二三年）刊刻的《全相平話三國志》一書，是現存最早反映三國故事的平話本，也沒有周倉這個人物。周倉這個人物最早出現是在元末明初的《三國志通俗演義》中，身分就是大家熟知的關羽的貼身隨從，《三國志通俗演義》又稱《三國志演義》，其實就是大家熟知的《三國演義》。因此，我們可以說《三國演義》中的周倉是羅貫中先生虛構的一個藝術形象。

關平確有其人

周倉最好的夥伴關平則是另外一種情況。

關平在歷史上確有其人，但他並非關二爺的義子，而是關羽實打實的親生兒子。

按照正史記載，關羽生有二子，長子關平，次子關興。關羽關平父子在東吳被害後，關興繼承了父親的漢壽亭侯爵位，後來又傳給了他的兒子關統，因為關統沒有兒子，他病逝後就由他同父異母的弟兄關彝襲爵。

西元二六三年，鄧艾、鍾會兩路伐蜀，劉禪出降，蜀國滅亡，關彝一家不幸被魏軍將領龐會殺害，龐會不是別人，正是四十幾年前在荊州之戰中被關羽斬首的魏國大將龐德的兒子。

讀至此處，大家肯定會為關二爺的身後之事唏噓不已。令人欣慰的是，據《荊州府志》和《江陵縣誌》記載，關平隨父鎮守荊州時，娶趙雲之女為妻，生有一子關樾。吳兵襲取荊州時，這對母子有幸逃出荊州城在鄉下隱居起來，而且為了躲避

周倉打螞蟻

相傳漢末三國時代，名將關羽曾經降服了一個名叫周倉的山賊做他的侍衛。周倉力大無窮，可惜生性粗心大意，做事不用腦子。一天，兩個人一起外出，關公騎馬，周倉步行。兩個人在一棵樹的樹蔭下休息時，看見樹下有一群螞蟻在爬，關公便對周倉說：「周倉，你打這些螞蟻看看。」周倉伸出拳頭，用力一砸，地面凹進一塊，螞蟻卻沒事；再用力一砸，手觸地時痛得他哇哇大叫，螞蟻還是若無其事。

周倉眼見小小螞蟻都打不死，急得滿面通紅。關公說：「看我的。」只見他伸出食指，輕輕一揉，螞蟻一下子死了好幾隻。周倉看得目瞪口呆，關公便對他說：「有很大的勇氣和力量，還要懂得運用智慧和謀略，這樣才能做大事、成大器。」

關二爺千里走單騎的歷史真相

關二爺千里走單騎，過五關斬六將乃是膾炙人口，婦孺皆知的精彩故事，但此處可要在這兒給大家潑點冷水——千里走單騎也許是真實事件，但過五關斬六將絕對是灌了水。

《三國演義》用了整整一個回目的篇幅來寫關羽千里走單騎，過五關斬六將的傳奇故事。關羽一路走來，雖數度遭攔截，歷經坎坷，卻也走出了神勇，走出了威風，先後斬殺了東嶺關守將孔秀、洛陽太守韓福、牙將孟坦、汜水關守將卞喜、滎陽太守王植、黃河渡口守將秦琪等六員曹操屬下將官。

這六員將官在歷史上皆無記載，應該都是虛構的，有趣的是，沒有攔截謀害關羽的東郡太守劉延卻是歷史上真實存在的人物。

不只是這六員將官在歷史上的真實性有疑義，其實連關羽千里走單騎時選擇的路線也存有明顯的問題。試想，從河南中部的許昌[1]北上河北，只需一路向北直行即可，而關羽卻偏偏要先向東北方向行進，途經洛陽之後再轉而沿著黃河向東，然後才從滑州[2]渡河北上，從地圖上一看就知道是在走彎路，而且繞了一條大大的彎路。

為什麼會在地理位置上出現這樣的錯誤呢？一是因為當時地圖資訊極少，加上羅貫中老先生的地理知識可能不夠豐富；二是因為《三國演義》誕生之前，在民間流傳的三國話本中，曹操「挾天子以令諸侯」的地方不是許都，而是長安，就是現在的西安，而關羽所經過的五關正好從西向東一字排開在從長安去河北的路線上。順道一提，也正是因為說書人讓曹操在長安「挾天子以令諸侯」，這才有了戲曲《灞橋[3]挑袍》中關羽在灞橋用刀挑起曹操所贈錦袍的經典情節。

1 關羽開始千里走單騎之前身在許都，即現在的許昌。
2 三國時期根本沒有這個地名，滑州之名產生於北宋時期。
3 長安附近的一座名橋。

歷史上，關羽離開曹操時，劉備可能已經不在河北，被袁紹派遣到汝南附近打游擊，牽制曹操去了，因此關羽在尋找劉備時很可能根本沒有到過黃河邊，而是直接奔去汝南。

如果關羽尋兄時去的是河北，就距離而言，「千里走單騎」勉強成立，如果是汝南，那就應該改成「百里走單騎」，因為許昌和汝南之間只有二百多里的路程。無論關羽是從許昌北上河北還是南下汝南，所經之地都是一望無際的華北大平原，根本不存在什麼關什麼隘，在這種情況下，過五關斬六將就成了沒有根據的事了。

關羽不辭而別時，曹操的部下有人要發兵追趕，曹操回答：「各為其主，不必追了」，從而留下了「英雄惜英雄」的一段歷史佳話。雖然曹操下了「不必追」的命令，但這似乎並非正式的軍令，沒有得到消息的沿途守兵仍有可能自行攔截關羽，但《三國演義》中描述的過五關斬六將確實是子虛烏有，因為那「五關」根本不在關羽尋兄的所經路途，那「六將」則根本沒有在歷史上留下任何蛛絲馬跡。

「公戰秦瓊」的來源

一日，大軍閥張宗昌想聽人說書，於是找來一個說書人。說書人不敢怠慢：「您想聽哪一段？」「給俺來個關老爺戰秦瓊！」「這倆夥計差了四百年哪！」「俺就是要聽，你講不講？」張宗昌怒吼道。

說書人不敢違抗，口沫橫飛，從此世上多了「關公戰秦瓊」這一個典故，專指不合邏輯、生拉硬扯的做法。

歷史上的蔣幹不僅不廢，還是當時的頂級說客

《三國演義》中有幾個小丑級的人物，例如助紂為虐的李儒，為虎作倀的華歆，賣主求榮的張松，代人受過的賈化都屬於此類，但其中最出名的莫過於「智」盜密信的蔣幹了。

蔣幹盜密信

在羅貫中筆下，蔣幹的形象是這樣：赤壁之戰前夕，蔣幹充當曹操說客，隻身乘一葉扁舟奔赴吳營勸降大都督周瑜。當時周瑜正在擔心如果蔡瑁、張允幫助曹操練成水軍會成為東吳的心腹大患，於是將計就計，擺下「群英會」，引誘蔣幹盜走假的張、蔡二人的「投降書」，使用反間計，騙曹操消滅了這兩個傢伙，而導致曹

操鑄成大錯的蔣幹卻自以為立功，淪為千古笑柄。

蔡瑁、張允雖除，周瑜破曹還是心有餘而力不足。這時，避難江東的龐統想出了連環計，但「如何在曹操不生疑竇的情況下，讓龐統平安過江」，成為擺在周郎面前的難題。正當周瑜為此發愁的時候，蔣幹又來了。他「成功」地把龐統引見給曹操，曹操輕信了名士龐統獻的連環計，這才有了周公瑾火燒赤壁，孫劉聯軍以少勝多，大敗曹操的精彩故事，三國鼎立的歷史也在此時大勢底定。

蔣幹「空有一肚子學問，卻幹一事壞一事」，在文學舞臺上被定型為成事不足敗事有餘的典範，但事實並不是這樣。歷史上真正的蔣幹完全不是這麼一回事。

歷史上真實的蔣幹

歷史上的蔣幹與周瑜一樣，都是相貌俊美，口才極佳的男子，《三國志．江表傳》提到蔣幹「有儀容，以才辯見稱，獨步江、淮之間，莫與為對」。曹操早就知道周瑜年少有美才，就在親率大軍南下江東之初派名士蔣幹去勸降周瑜，這時距離兩軍對峙赤壁還有不少時日，也就是說，為了讓雙方的衝突越發激烈，情節更加精彩，羅貫中在《三國演義》中刻意把蔣幹與周瑜的會面時間往後延了。

周瑜一見蔣幹就開門見山地說：「子翼，你費盡了心思，不遠千里的渡江前來，是要為曹操當說客嗎？」

蔣幹回應道：「吾與足下州里，中間別隔，遙聞芳烈，故來敘闊，並觀雅規，而云說客，無乃逆詐乎？」

周瑜說：「吾雖不及夔、曠，聞弦賞音，足知雅曲也。」

然後他設宴邀請蔣幹入內用餐，飲酒作樂。

三日後，周瑜邀請蔣幹參觀軍營，還展示了自己收藏的珍寶給蔣幹看，並對他說：

「丈夫處世，遇知己之主，外託君臣之義，內結骨肉之恩，言行計從，禍福共之，假使蘇張更生，酈叟復出，猶撫其背而折其辭，豈足下幼生所能移乎？」（大丈夫處世，如果能夠遇到知己之主，不僅具備君臣之義，還能與之結下骨肉之恩的話，就應該對這位主子言聽計從，禍福與共，就算是蘇秦、張儀、酈食其這些厲害的說客再現，我也不會接受他們的建議，更何況是你這個年輕人呢？）

蔣幹面帶微笑，傾聽周瑜說話，始終不發一言。

蔣幹返回曹營後，向曹操稱讚周瑜雅量之高，絕不是言辭可以說動的，並勸曹操死了這條心，之後，蔣幹在曹營繼續過著他輕鬆悠閒，待遇豐厚的名士生活，可說是瀟灑至極。

既有知人之明，又有自知之明的風流名士蔣幹，在羅貫中筆下竟成了成事不足、敗事有餘的丑角典型，豈不冤哉！

這樣說話才不會惹人厭

蔣幹說：「吾與足下州里，中間別隔，遙聞芳烈，故來敘闊，並觀雅規，而云說客，無乃逆詐乎？」周瑜說：「吾雖不及夔、曠，聞弦賞音，足知雅曲也。」

憶氏白話：

蔣幹回應道：「我與足下同鄉，雖然多年未見，卻知道您在江東美名遠播，所以前來藉著敘舊的機會領略一下您的儒將風采，可您卻說我是說客，是不是太多疑了呀？」周瑜說：「我雖然沒有辦法像舜帝時的夔、春秋時的師曠一樣，只要聽了弦音，就可以了解彈琴人的想法，但我多少也可以從樂曲中稍微聽出一點門道來。」

「諸葛亮三氣周瑜」的歷史真相

「諸葛亮三氣周瑜」是三國作品中的經典橋段，淋漓盡致地表現了前者的足智多謀和後者的心胸狹窄。

咱們先看一看，在羅貫中筆下，孔明先生是怎樣故意欺負公瑾先生的：

一氣周瑜——周瑜和諸葛亮約定，如果周瑜奪取曹仁據守的南郡失敗，劉備再去攻取。周瑜第一次奪取時失利受傷，於是便將計就計，打敗了曹兵，但是諸葛亮卻乘機奪取了南郡等地，既沒有違約，又奪取了地盤。真是一舉兩得！

二氣周瑜——劉備的夫人死後，孫權按照周瑜的計策，假意把自己的妹妹孫仁許配給劉備，想把劉備騙到東吳再將其殺害。誰知吳國太，也就是孫權的母親一眼相中了劉備，不僅不許孫權殺他，還真的打算把女兒許配給他。周瑜便轉而一想，打算把劉備與諸葛亮、關羽、張飛等人長期隔離，並以聲色迷惑劉備，使之喪失爭奪天下的雄心，但是又失敗了。隨後諸葛亮便用計讓劉備安然回到荊州，並讓周瑜中了埋伏，還叫士兵高唱「周郎妙計安天下，賠了夫人又折兵」嘲諷周瑜，讓周瑜氣得吐血。

三氣周瑜——劉備向東吳借取荊襄九郡，圖謀發展壯大自己，東吳擔心養虎為患，恐懼劉備勢力強大之後會對自己構成威脅，便三番兩次要求其歸還荊州。劉備和諸葛亮以「攻取西川後必還荊州」為由，拒絕東吳的要求，卻又遲遲不攻取，此舉令周瑜氣急敗壞，遂想出了名為「過道荊州幫助劉備攻取西川，實則攻取荊州」的舉動，不料在實行之際，卻被諸葛亮識破，反而造成吳軍被圍困，周瑜氣急之下，加上舊傷復發，最終留下「既生瑜何生亮」的千古感歎，而不治身亡。

看罷「諸葛亮三氣周瑜」的故事，喜歡諸葛亮的，大可不必為諸葛亮喝彩，欽佩周瑜的也沒有必要為周瑜難過，因為「以上純屬虛構」。

在三國歷史上，南郡之戰是一個非常重要的戰役，如果要排一個名次的話，其重要性應該僅次於赤壁之戰、官渡之戰、夷陵之戰、滅吳之役、滅蜀之役，排在第六位。這場戰役最終確定了曹操、孫權、劉備在荊州的勢力範圍。和《三國演義》所敘述的不同，南郡之戰主要表現的不是諸葛亮的聰明才智，而是周瑜的文韜武略。

為什麼這麼說呢？

雖然曹操在南郡之戰前派到荊州的兵力並沒有具體的資訊，但從他派任了曹仁、樂進、徐晃、文聘、李通、滿寵六路大軍參戰來看，曹軍的總兵力應該不下六萬，周瑜手下只有二萬多士兵，劉備兵力還不足兩萬，而且還要分出一部分奪取和維護江南四郡，因此孫劉聯軍的總兵力應該遠遠不敵荊州曹軍的總兵力。從作戰雙方的兵力來看，周瑜能在一年的時間奪取南郡，的確是軍事上極大的建樹。

從另一個角度來看，赤壁之戰後，劉備、孫權藉機發起多支反攻力量，大都為曹操所敗，例如孫權先後在合肥、濡須戰敗，韓當赴廬江郡接應陳蘭、梅成被臧霸擊敗，關羽的「漢水別動隊」為曹軍所敗，劉備名為斷後，實為搶地盤的軍事行動，結果也是無功而返，所以可以說，在赤壁之戰後，孫劉兩家多次針對曹操的反攻，只有周瑜是唯一的勝者。

周瑜「賠了夫人又折兵」的故事雖然流傳甚廣，但其實和周瑜無關，把妹妹嫁給劉備是孫權自己的主意，這應該是禿子頭上的蝨子——明擺著的事情，你們試想：周瑜作為孫權的臣子，他怎麼敢建議孫權把妹妹作為政治籌碼，說得更嚴重些，就是政治犧牲品，送給劉備呢？周瑜也許會想到這個主意，但敢說出這個主意並付諸實施的只能是孫權，所以，在此推測「賠了夫人又折兵」與周瑜無關。

史書在這一點上也是支持這個說法的，請看相關記載——孫夫人，乃孫權之妹。劉備定荊州時，孫權對其十分畏憚，於是進獻自己的妹妹予劉備為夫人，重固盟好。孫尚香才捷剛猛，有諸兄之風，身邊侍婢百餘人，皆親自執刀侍立，劉備每入，心內常覺凜然驚懼。

孫權獻妹之舉不見得是「賠了夫人又折兵」的餿主意，因為諸葛亮後來曾說過這樣的話：

主公（指劉備）在公安時，北畏曹公之強盛，東憚孫權之進逼，近則懼孫夫人生變於肘腋之下；當斯之時，進退狼跋……

這番話的意思是說，孫夫人在劉備身邊，就好像是一顆隨時會爆炸的炸彈，弄得劉備緊張兮兮，頗為狼狽。

至於周瑜欲以假虞滅虢之計殺死劉備，企圖拿回荊州，以至於中了諸葛亮之計，憂憤而亡，也是羅貫中虛構的情節。周瑜確實提出了要攻取西川，但並非想以取西川之名行奪荊州之實，而是經過實地規劃的提案，而且他的戰略策劃和諸葛亮的隆中對有異曲同工之妙，具體說來是這樣的：

與奮威[4]俱進取蜀，得蜀而並張魯，因留奮威固守其地，與馬超結援。瑜還與將軍據襄陽以蹙操，北方可圖也。（《三國志．周瑜傳》）

孫權對周瑜的「隆中對」非常欣賞，當即表示同意，於是，周瑜動身回江陵，打算為出征做一番踏踏實實的準備工作，不幸中途染疾，病逝於巴丘，享年三十六歲。

周瑜病逝前仍不忘國事，心繫統一，最後對孫權上疏提到：

4 指奮威將軍孫瑜，是孫權堂兄。

當今天下，方有事役，是瑜乃心夙夜所憂，原至尊先慮未然，然後康樂。今既與曹操為敵，劉備近在公安，邊境密邇，百姓未附，宜得良將以鎮撫之。魯肅智略足任，乞以代瑜。瑜隕踣之日，所懷盡矣。

這才是周瑜真正的遺言，表現出容人的寬宏氣量，以及舉賢薦能的坦蕩胸懷。

事實上，在諸葛亮三氣周瑜的這個時期之內，周瑜的確如《三國演義》所說在南郡、柴桑一帶[5]活動，諸葛亮卻遠在偏僻的桂陽郡、零陵郡[6]「調其賦稅，以充軍實」，做後勤保障工作。這兩人根本完全沒有打過照面！

5 均位於長江中游沿岸。
6 今湖南省南部。

周瑜「草船借箭」

諸葛亮「草船借箭」膾炙人口，婦孺皆知，殊不知，在《三國演義》的母本《三國志平話》中，「草船借箭」的主人公竟然是周瑜。

《三國志平話》這樣說：

卻說曹操知得周瑜為元帥，無五七日，曹公問言：「江南岸上千隻戰船，上有麾蓋，必是周瑜。」被曹操引十雙戰船，引蒯越、蔡瑁，江心打話。南有周瑜，北有曹操，兩家打話畢，周瑜船回，蒯越、蔡瑁後趕。周瑜卻回。周瑜一隻大船、十隻小船出，每只船一千軍，射住曹軍。蒯越、蔡瑁令人數千放箭相射。

卻說周瑜用帳幕船隻，曹操一發箭，周瑜船射了左面，令扮棹人回船，卻射右邊。移時，箭滿於船。周瑜回，約得數百萬隻箭。周瑜喜道：「丞相，謝箭！」

不一般的橋國老和吳國太

起源於《三國演義》的京劇《龍鳳呈祥》，是戲曲舞臺上歷久不衰的經典劇碼之一，因為這齣戲裡的行當[7]非常齊全，生、旦、淨、末、丑五大類都有精彩的表演，其中的老生主要有四位，分別是劉備、橋玄（即橋國老）、魯肅、諸葛亮；旦角則有兩位，一位是青衣孫尚香，一位是老旦吳國太。

老生的橋玄，在歷史上確有其人，但和東吳毫無關係，當然更不可能成為吳國的國老。

7 是中國戲曲的術語，意指戲曲中各種角色的「分類」。

先來看看橋國老

橋玄生於西元一〇九年，卒於西元一八三年，字公祖，乃是漢末重要名臣，曾先後擔任大鴻臚、司空、司徒、太尉等職，名重朝野，天下仰慕，《後漢書》卷五十一有傳。

橋玄之所以有名，一是因為他做人正直，為官清廉；二是因為他嫉惡如仇，不畏權貴；三是因為他抵抗侵略，保國安民。

歷史上的橋玄和《三國演義》有雙重密切關係，第一，他慧眼識英雄，曾對曹操發出這樣的讚歎：「天下將亂，非命世之才不能濟也，能安之者，其在君乎？」第二，秉著忠君愛國之心發起關東諸侯伐董卓這一重大軍事行動的橋瑁不是別人，正是橋玄的親侄子。

據《後漢書．橋玄傳》記載，橋玄為梁國睢陽人，《寰宇記》言孫策、周瑜的岳父橋公為漢之廬江郡皖（今安徽懷寧）人，兩地相隔幾百里，應該不是同一個人。

按《三國志》記載，孫策、周瑜分別納青春年少的大、小橋為妻是在攻破皖城之後，時間是西元一九九年，而橋玄西元一八三年就已去世，死時已有七十五歲，所以，從年齡上來看，橋玄是大、小橋之父的可能性微乎其微。

橋國老雖不是橋玄，但這個人物在歷史上是真實存在過的，否則，大橋小橋就成了毫無根據的人物。

但是戲曲中雍容華貴，萬人之上的吳國太卻是虛構人物。

再來講講吳國太

吳國太何許人也？《三國演義》提到，吳國太是孫權之母吳夫人的妹妹，孫堅的第二個妻子。吳夫人生四子，即長子策，次子權，三子翊，四子匡。吳夫人之妹生一子名朗，一女名仁。建安十二年，吳夫人死，臨終囑咐孫權道：「吾妹與我共嫁汝父，則亦汝之母也；吾死之後，事吾妹如事我。汝妹亦當恩養，擇佳婿以嫁之。」此後，吳夫人之妹稱吳國太，孫權以母事之。

然而，歷史並非如此。首先，史書記載吳夫人有弟無妹，吳國太其人並不存在。其次，孫堅生有五子一女（可能還有其他女兒），其中吳夫人生四子一女，另一子朗庶生（即姬妾所生），其母為何人，相關史書並未記載。小說卻將吳夫人所生一女及庶生之孫朗敘述為吳國太的親生子女，且將孫朗的別名「仁」說成是吳國太所生女兒之名。

羅貫中之所以安排吳夫人姐妹二人共侍孫堅，大概是想重現舜帝納娥皇女英的情節，暗指孫堅有帝王之資；之所以讓吳國太和橋國老在劉備與孫尚香「龍鳳呈祥」的過程中現身，是為了讓孫劉之間這場冷冰冰的政治婚姻變得風趣靈動起來。

橋姓竟然是這樣來的

中原各族的共同祖先黃帝死後葬於橋山（在今陝西黃陵縣城北），留在橋山守陵看山的黃帝子孫就以山為姓，橋玄就是橋姓的傑出代表。

北魏末年，橋玄的六世孫橋勤在朝廷任職，輔佐孝武帝元修，深受皇帝信任。

和漢獻帝一樣，元修也是一個傀儡皇帝，最後他不堪忍受宰相高歡的專權，帶領橋勤等人逃出朝廷，投奔占據關中的大將宇文泰。

有一天，宇文泰心血來潮，叫橋勤去掉其姓氏橋的「木」字旁，以「喬」為姓，取「喬」之高遠之意。面對強權，橋勤不敢不從，從此橋氏改為喬氏，一直流傳至今。

《戰長沙》竟然是子虛烏有

京劇《戰長沙》是一齣非常著名的武生戲，主人翁是大家所熟知義薄雲天的關雲長，以及「老將出馬，一個頂倆」的代表人物黃忠。

《戰長沙》的故事情節一如《三國演義》第五十三回所描述：劉備占據荊州，命關羽攻打長沙。守將韓玄命黃忠出戰，馬失前蹄，關羽釋之。次日會戰，黃忠箭射關羽盔纓，以報關羽不斷之恩。韓玄怒責黃忠通敵，將斬，魏延押糧歸來，殺死韓玄，與黃忠同降劉備。

長沙之戰的過程中，關羽的高傲仁義，黃忠的知恩圖報，魏延的耿直莽撞，韓玄的性急多疑，都展現得淋漓盡致，讓讀者留下了深刻印象。但事實上，這四人其實都和長沙之戰無關。因為長沙之戰根本就是一場子虛烏有，杜撰出來的戰事，劉備得到長沙這座城池，是一次「和平解放」運動，《三國演義》和戲曲裡那些精彩的戰鬥，歷史上並沒有發生。

這一段歷史的真實情形是這樣的：西元二〇九年，赤壁之戰後，劉備乘虛南下，以諸葛亮為軍師中郎將，親自領兵南征。武陵太守金旋、長沙太守韓玄、桂陽太守趙範、零陵太守劉度見劉備所率軍隊挾戰勝之餘威，意氣風發不可抵擋，通通都沒敢抵抗，大軍一到，就一起舉旗歸降了。

韓玄本來和金旋、劉度一樣，是個在歷史上跑龍套的角色，但是卻和趙範因為不同原因，混到了第三或第四男主角的位置，趙範是因為「趙雲不納趙範嫂」那個故事，韓玄則是因為他手下的黃忠後來成了一代名將。

既然黃忠是歷史名將，羅貫中在寫《三國演義》時，當然不能讓他以降將的身分初次登場。於是虛構了「關黃對刀，惺惺相惜，黃忠遭難，魏延造反」這些跌宕起伏的精彩情節。在這些情節中，為剛出場的黃忠，添上較為鮮明的性格以及相對醒目的形象，身為配角的韓玄和魏延也在讀者心中留下深刻的印象。

魏延這個人物在歷史上的最早事蹟是「以部曲隨先主入蜀，數有戰功，遷牙門將軍」，至於他以往的人生軌跡，並不清楚，歷史上也沒有清楚的紀錄，換句話說，他在長沙城的經歷完全是虛構的。羅貫中這樣寫，一來是為了讓同為一代名將的魏延，能夠以讓人眼前一亮的方式出場，二來是為之後描寫諸葛亮說魏延「腦後有反骨」的情節埋下伏筆。

楊修為什麼必須死？

談到曹操殺害楊修的原因，普遍的說法是：第一，楊修自作聰明，多次壞了曹操的興致，令曹操惱羞成怒，怒下殺手；第二，楊修與曹植關係密切，勢必會影響曹丕在日後順利接班。其實這都不是曹操殺害楊修的首因，試想，禰衡在朝臣宴上對曹操裸衣痛罵，豈不更壞了曹丞相的興致，為什麼他沒有被曹操殺死呢？丁儀、丁廙兄弟和曹植的關係更為密切，絕對是曹植的死黨，可是為什麼他們也沒有死在曹操刀下呢？

曹操殺害楊修的第一原因是什麼呢？這要從楊修的出身說起。

揚修的出身

咱們都知道袁紹家族非常了不得，有道是「四世三公」、「門生故吏遍天下」，其實，楊修家族和袁紹家族一樣了不起，而且有過之而無不及。順道一提，東漢時三公指的是太尉、司徒、司空，這是僅次於皇帝和丞相的國之重臣。

楊修的父親是誰？太尉楊彪。楊彪為人忠烈，同時代的朝臣中幾乎無人可比，他早年在擔任京兆尹時，就曾經冒著生命危險，處死了禍國亂政的大宦官王甫；國賊董卓意欲遷都長安時，滿朝文武沒人敢提出異議，只有太尉楊彪秉持忠義，據理力爭，因此被董卓罷除官職。董卓死後，楊彪又被漢獻帝任命為太尉，並且在李傕、郭汜之亂中不避艱險，矢志護主，其耿耿忠心蒼天可鑑。後來曹操專權，玩弄獻帝於股掌之中，一片忠心的楊彪甚為不滿，結果遭到曹操忌恨，被以大逆之罪打入大獄，多虧孔融極力挽救，才得以恢復自由。

楊彪的父親是誰？太尉楊賜。楊賜忠心為國，經常直言進諫，曾經成功預言過黃巾大起義的爆發，還與大學者蔡邕共同校勘了文化史上著名的《熹平石經》。

楊賜的父親太尉楊秉忠直剛烈，愛民如子，嫉惡如仇，在地方做刺史時，為官一任，造福一方。在中央擔任太尉時，劾奏貪官五十餘人，被彈劾者或死或免，天下莫不肅然。

楊秉的父親更是一位高風亮節，光照千秋的人物，他就是「關西孔子」楊震。身為高門望族弘農楊氏的第一代，楊震在歷史上的名氣是高於汝南袁氏第一代袁安的。

楊震之所以被稱為「關西孔子」，一是因為他通曉儒家典籍，經學修養深厚，堪稱今文經學的集大成者，二是他在關西開館收徒，講學授業長達三十餘年，與孔子一樣，有三千弟子。楊震最為人稱道的，是他「暮夜卻金」的事件。

這件事發生於他赴任東萊太守，路經昌邑時，深夜拒絕了鉅額禮金。當時他說出了「四知」名言：「天知，地知，我知，子知，何謂無知者？」他也因此被後世尊稱為「四知先生」。

「四知先生」既是陝西人的驕傲，也是山東人的光榮。楊震非常重視子孫的教育，不僅要求他們「蔬食步行」，力戒奢華，秉持正義，忠君愛民，而且堅決不肯為他們置辦產業，因為在他心中留給子孫後代最大的遺產，就是廉潔的名聲。

在楊震的教導和影響之下，楊秉、楊賜、楊彪等人傳承了楊震的品德和作風，從而在東漢朝廷乃至整個天下樹立了美好的名聲和崇高的威望，在仁人志士之間可謂一呼百擁，應者雲集，自然也就成了權臣提防、忌憚，甚至憎恨的眼中釘，曹操和楊彪之間的衝突，以至於鬥爭，就是最好的例證。

西元一九六年，漢獻帝剛剛從李傕、郭汜（董卓的部下）等關西軍閥那兒逃脫，接著便陷入了兗州刺史曹操的勢力範圍，身不由己地將都城遷到曹操選定的許昌。楊彪當時身居太尉，一直在獻帝身邊盡忠護主，他眼見皇帝才離狼窩，又入虎穴，心中悲憤交加，在朝臣宴上面露不悅之色，意欲「挾天子以令諸侯」的曹操本來就心裡有鬼，看到楊彪對他冷眼相待，更覺忐忑不安，竟然在宴會結束之前，就悄悄離開了。

一代梟雄曹操這樣的人物，在面對不怒自威的楊彪尚且因為懼怕知難而退，楊氏家族之德高望重，名重朝野於此可見一斑。

剛剛得勢的曹操不敢明著向楊氏家族發難，暗地裡卻朝楊彪伸出了黑手，他先是迫使小皇帝免除了楊彪的官職，以報復朝臣宴上的冷眼之仇。不久，曹操抓住袁術稱帝的口實，誣陷楊彪和袁術藉著親戚關係相互勾結，意欲顛覆漢朝，結果楊彪在罷官之後又身入囹圄。

雖然曹操在迫害楊彪這件事上一直站在幕後，但眾人的眼睛是雪亮的。於是，高門望族的另一位代表人物孔融直接上門找曹操論理，為楊彪辯冤。面對孔融的嚴辭利口，曹操理屈詞窮，無言以對，只能拿無辜的小皇帝當擋箭牌，恰好在這個時候，負責此案的滿寵也懇請曹操不要在沒有確鑿證據的情況下處決楊彪，以免失去民心。最終，曹操不得不再次以小皇帝的名義收回成命，恢復楊彪的自由之身。

曹操雖然對楊彪的不合作態度恨之入骨，但他仍想拉虎皮做大旗，把士族代表楊彪放到高位為他撐門面，想藉他收攏天下士人之心，於是，楊彪在被釋放後不久又被官拜為太常。後來，曹操羽翼漸豐，勢力、野心越來越大，膽子變大，顧忌變少，他便重新朝高門望族舉起了屠刀。他先是在西元二〇五年罷免了楊彪的職位，第二年又剝奪了楊彪的爵位，繼而在南下攻打荊州劉表和江東孫權之前，以「招合徒眾」、「欲圖不軌」、「謗訕朝廷」、「不遵朝儀」的罪名殺了孔融。

早在爵位被剝奪的那年，楊彪就感覺到漢室江山已經日薄西山，復興無望，雖然心中無比悲涼，卻也無可奈何，年過花甲的他唯一能做的就是遠離政治漩渦，深居簡出，明哲保身。後來每逢曹操請他出山重新任職，他都以「腰瘦腿疼腳抽筋」

為由予以拒絕。曹操是個「以眼還眼，以牙還牙」的角色，每次在楊彪那兒碰了一鼻子灰，他都恨得牙根咯吱咯吱作響，發誓非要弄個罪名把這個不識抬舉的老傢伙置於死地。但是，楊彪行得正，坐得端，曹操即使想對他行誣告陷害之事，也實在找不到下手的把柄。

眼看著「殺死楊彪，震懾高門望族」的計畫要落空，曹操在他生命的最後幾年，把矛頭轉向了楊彪的兒子楊修——既然老的拿他沒轍，那就讓小的當替死鬼，偏偏楊修是個恃才傲物，目空一切的人物，想抓他的小辮子簡直易如反掌，於是乎，楊修的人生悲劇便開始埋下了禍根。

對於楊彪、孔融等代表的高門望族，出身宦官家族的曹操一直保持著極度痛恨的心態。曹操對於楊修曾經非常信任，而且還特別重用過，「是時，軍國多事，修總知外內，事皆稱意。自魏太子已下，並爭與交好」，他這樣做，一是楊修確實有才能，二是他想藉此和楊彪拉關係，但清高忠直的楊彪始終不買他的帳，一貫秉承非暴力不合作的態度。導致曹操的仇恨心態最終占了上風。當這種情緒累積到一定程度時，他便對楊氏家族揮起屠刀。

名流之死

其實早在楊修被害的三年前，已經有一位士族名流慘遭曹操毒手了，他就是清河崔氏的領袖人物崔琰，罪名竟然是「結交賓客」、「有所怨忿」。楊修的罪名是什麼呢？「洩露言教」、「交關諸侯」，前者當指「雞肋[8]」一事，後者自然是說楊修參與了「立儲之爭」。前文已經提到這其實都是表面文章，曹操殺死楊修的真正原因，應該就是他對楊彪及其身後高門望族的妒恨。這在他事後的一個怪異表現足以為證。

楊修被殺之後，曹操特意在某個場合和楊彪碰面，然後故意問這位剛剛失去兒子的父親：「楊公為什麼這般消瘦？」

楊彪回應他說：「我雖然自愧沒能像金日磾那樣具有先見之明（親手把兒子殺

8 在軍營中，曹操看著湯碗中的雞肋，正好夏侯惇去詢問軍令指示，聽到曹操說：「雞肋」，楊修得知後，立刻要求軍士們收拾行裝，曹操得知後，以「動搖軍心、影響士氣」為由，將楊修殺了。

死），但還是放不下常人都有的老牛舐犢之心呀！」

可能有人會說，楊修被曹操殺，主要還是他咎由自取。因為他過於自負，做人太過張揚，畢竟「一人一口酥[9]」「門上加活是個闊[10]」「雞肋食之無味，棄之可惜」「丞相非在夢中，汝等在夢中[11]」等故事已是耳熟能詳。殊不知，依據《典略》的記載，楊修其實是一個「謙恭才博」的人，和「張揚自負」差了十萬八千里。如果《典略》所言屬實，恐怕就是曹操、曹丕父子在殺害楊修之後，再設法大力汙衊他，傳播不實謠言，以便證明他是多麼死不足惜，他們父子又是多麼寬宏忍

---

9 曹操收到一盒酥餅，上面寫著「一合酥」，楊修見了，便自作主張，吩咐大家共享。曹操知道後，問他為什麼這麼做，楊修回答：「我看這盒子上寫著『一人一口酥』，所以就吩咐大家一起吃了。」

10 曹操在家中新建的花園門上提了個「活」字，讓大家看了摸不頭腦。楊修見了，便吩咐大家重新裝修，把門改窄些。曹操知道後，問他為什麼這麼做。楊修回答：「『門』的中央加個『活』字，代表您覺得門太寬闊了，所以我吩咐工人把門改窄。」

11 曹操生性多疑，害怕在睡覺時被暗算，所以他跟大家說：「你們不要在我睡覺時靠近我，因為我會睡夢中殺人。」有一天，他故意在白天裝睡試探大家。結果他真的殺了一位幫他蓋被的侍衛。曹操看到侍衛的屍體假意大哭，大家也都相信曹操是在夢中無意間殺人。只有楊修戳破他的謊言，說：「曹大人不是在夢中殺人，你們都被騙了。」曹操知道後，便更加厭惡楊修。

讓。假如這個猜測被證實是歷史真相，專制獨裁者的狠毒無恥，更是可見一斑。

楊修與絕妙好辭

曹操曾途經曹娥碑下，楊修隨行。碑的背面題寫著「黃絹、幼婦、外孫、齏臼」八個字。曹操問楊修說：「你知道這是什麼意思嗎？」楊修回答說：「知道。」曹操說：「你先別說，等我想一想。」

走出三十里遠的時候，曹操才參透。命令楊修寫出他所知道的。楊修寫：「黃絹，有色的絲織品，寫成字是『絕』；幼婦，少女的意思，寫成字是『妙』；外孫，是女兒的孩子，寫成字是『好』；齏臼，受辛的器具，寫成字是『辭』，這說的是『絕妙好辭』的意思。」

曹操不禁讚歎道：「我的才能比不上你啊！」

第二章

三國人

有人的地方，就有江湖

張儉：歷史上的好督郵

《三國演義》中有一個人有名無姓，那就是四大美女之一的貂蟬；有兩個人有姓無名，她們是江東美女大橋和小橋；還有一個人既無姓又無名，就是那個索賄不成便陷害劉備，結果卻被張飛打得滿地找牙的督郵。之所以說督郵這個人物無姓無名，是因為督郵不是人名，而是一個官職名稱。督郵的全稱是「督郵書掾或督郵曹掾」，為漢代郡守的左膀右臂，常代表太守督察所屬各縣，傳達政策法令，並負責處理法律訴訟事宜。

督郵臭名昭彰的另一個原因和東晉大詩人陶淵明有關。大家都知道陶淵明不願「為五斗米向鄉里小兒折腰」而掛冠辭官歸園田居的故事。殊不知，逼走陶淵明的「鄉里小兒」不是別人，正是從郡上下來視察的督郵劉雲。這個傢伙敲詐勒索，魚肉鄉民，諂上欺下，和《三國演義》中的督郵是一丘之貉。無名督郵和劉雲這兩塊臭肉因為找名人的麻煩而遺臭萬年，把督郵這鍋湯徹底弄臭了，結果，人們一聽到「督郵」兩個字就嗤之以鼻，唯恐避之不及。

但是並非所有的督郵都是貪官，東漢後期的山陽督郵張儉，即譚嗣同在臨刑前賦詩讚頌的那位古人，就是一個受萬民擁戴，流芳百世的好官員。

張儉的家鄉在山陽高平（今山東省鄒城市），和孟子是老鄉，從小就深受孟子浩然之氣的影響，有著「富貴不能淫，威武不能屈，貧賤不能移」的高尚氣節和堅強意志，是當時影響遍及全國，深受民眾愛戴的名士之一。

張儉是東漢後期之人，正是皇帝昏庸，宦官專權的時代。當時深受漢桓帝寵信的大宦官侯覽及其家人在老家山陽防東（今山東省單縣）胡作非為，引起極大的公憤，而一身正氣的張儉當時正在山陽郡擔任督郵一職。

據《後漢書》記載，侯覽的家人在他的庇護和唆使之下，先後霸占了百姓田地一百八十頃，宅第三百八十一所，模仿皇家宮苑興建了十六處豪華府邸，還強搶婦女，欺壓百姓，害得許多人妻離子散，家破人亡。張儉在下鄉視察時得知侯覽家族所造成的禍害，不由得義憤填膺，於是一夜之間便寫成了《舉奏中常侍侯覽罪譽》，揭露侯覽一家的罪惡，請求皇帝對他們給予嚴懲。沒想到張儉的奏表後來竟然落入了侯覽本人手中。侯覽看了又是惱怒又是恐懼，他一面設法把奏表扣壓下來，一面開始動腦筋準備整治張儉。

侯覽授意給張儉的同鄉朱並，要求他設法陷害張儉。朱並原本就妒忌張儉，他一口氣上書誣告張儉與同鄉二十四人「別相署號，共為部黨，圖危社稷」，於是朝廷下令通緝張儉等人。一心為國的張儉還未等到皇帝懲奸除惡的詔令，反而收到朝廷下旨捉拿他的噩耗。此時的張儉，雖然內心無比痛苦，卻不得不走上生機渺茫的逃亡之路，而且這一逃就是十八年。

侯覽對張儉恨之入骨，欲除之而後快，他派人在全國各地展開了大追捕。張儉為了避免被追捕他的官兵發現，只好白天藏身，晚上行路，他也不知道到哪兒生命比較有保障，只好一路向北而行。當張儉走到曲阜時，饑餓難忍的他不得不去投奔居住此地的好友孔褒。孔褒正好外出不在家中，出來迎接他的是孔褒的弟弟孔融。沒錯，就是以讓梨知名的孔融。雖然孔融當時只是個十三歲的少年，他勇敢地讓張儉留了下來。幾天後，張儉的身體恢復好了，就悄悄地離開孔家繼續北上。

不幸的是，孔家收留張儉的事不久還是被官府知道了，這才有了孔褒、孔融兄弟和他們的母親爭著承擔罪過的歷史佳話，最終，孔褒因為窩藏朝廷欽犯而被殺。

朝廷的血腥政策並沒有嚇倒有良知的人們，他們冒著生命危險為「望門投止」的張儉提供衣食，幫助張儉脫逃，因為他們知道張儉是光明磊落，無私無畏的名士，他們知道張儉是關愛百姓，為民請命的好官。在這些善良、勇敢而偉大的老百姓支持下，張儉成功到達了長城以北的塞外，徹底逃脫了侯覽的魔爪。

西元一八四年，黃巾之亂爆發，為了團結士大夫共同鎮壓黃巾軍，漢靈帝解除了黨錮禁令，張儉這才從塞北大漠回到故鄉高平。在隨後的那些年裡，先是宦官專權毫無改變，接著又是董卓等涼州軍閥控制皇帝，張儉對朝政感到非常失望，儘管朝廷幾次徵召他進京做官，他都以年邁體弱為由謝絕了。建安初年，高平百姓遭遇了大饑荒，張儉拿出自己的全部財產扶危濟困，幫助大家度過難關，使數百饑民得以存活下來，又一次為他曾擔任過的督郵職位增添光彩。

督郵本來只是一個官職，和別的職位一樣，無所謂好壞，但是一個人的所作所為既可以讓他的職位昇華為真善美的象徵，也可以使它淪為虛假惡醜的標籤，《三

孔融智對

孔融十歲那年隨父親來到京城洛陽。名士李膺在洛陽任職，孔融想看看李膺是個什麼樣的人，就登門拜訪。李膺給門人定下了一個規矩——如果不是名士或者他的親戚，門人不要通報，孔融就對門人說：「我是李君的親戚。」

守門人通報後，李膺接見了他。李膺問他：「請問你和我有什麼親戚關係呢？」孔融答道：「從前我的祖先孔子和你家的祖先老子（老子姓李名耳）有師生之誼（孔子曾向老子請教關於周禮的問題），因此，我和你也是世交呀！」李膺聞聽此言，不禁微笑頷首。

當時很多賓客在場，都對孔融的回答十分驚奇，唯獨太中大夫陳韙不以為然，並且評論說：「小時了了，大未必佳（小時候聰明，長大後不一定聰明）。」孔融立即反駁道：「那麼您小時候一定很聰明吧。」陳韙無話可說。李膺大笑，說：「你這麼聰明，將來肯定能成大器。」

曹操手下最有智謀的大將是手持開山斧的徐晃

提起斧子這種武器，各位會想到哪些武將呢？《水滸傳》裡的李逵，《隋唐演義》裡的程咬金，《楊家將》裡的孟良，《明英烈》裡的胡大海，這幾位都是清一色的莽漢。俗話說「騎白馬的不一定是唐僧」，使斧子的也不一定是莽漢，《三國演義》中的名將徐晃就是一個典型的例外。

大家都知道，《三國演義》這部經典名著在故事情節上是七分事實三分虛構，但就徐晃這個人物形象，百分之九十是真實歷史的再現。

徐晃家在河東郡楊縣（今中國山西省洪洞縣東南），年輕時投奔至車騎將軍楊奉的手下為國效力，努力打拚之下，很快地成為一員得力大將，多次在關鍵時刻挺身而出，殺敵建功，奮鬥過程可說是十分的勵志。

徐晃不僅是一名勇將，而且頗有謀略，他為楊奉提供的重要建議足以證明他的卓識遠見。西元一九五年，漢獻帝君臣從西涼軍閥李傕、郭汜的控制下僥倖脫身，東返洛陽，當他們到達華陰縣時，陷入了「前有黃河擋路，後有賊兵追趕」的絕境。當這個消息傳到楊奉陣營時，徐晃力勸楊奉帶兵前去為皇帝保駕護航，一來盡臣子忠君本分，二來為日後功業奠基。

各位是不是覺得徐晃的這個方略似曾相識？是否讓您想起曹操日後奉行的「挾天子以令諸侯」？所以，如果我們說徐晃是第一個提出「奉天子以令不臣」的三國人士，應該不無道理。

楊奉採納了徐晃的建議，擊退李傕、郭汜的追兵，成了漢獻帝東歸時的頭號救駕功臣。按照徐晃的謀劃，楊奉原本有機會「挾天子以令諸侯」，可惜不幸被兵多將廣的曹操搶了風頭，而且還失去了徐晃這個得力助手。

在「棄楊投曹」的事件上，徐晃充分表現出他的智慧和忠義。

徐晃老早就覺得楊奉並非是一位能成大事之人，但他並沒有棄之而去，因為「從之久矣，不忍相捨」，因此留在楊奉身邊效忠。但是當他遇到明主曹操的青睞相邀時，他沒有像陳宮那樣明知所保之主已經無望卻仍執拗相從，而是當機立斷，連夜投奔，此其智也；他的引薦人滿寵勸他殺死楊奉作為進見之禮，但他回答：「以臣弒主，大不義也，吾決不為。」此其義也。

來到曹操身邊之後，徐晃四處征討，在官渡之戰、平定河北、北征烏桓、討伐西涼、漢中征伐、荊州之戰等戰役中屢立戰功，名聲大震。徐晃非常善於治軍，令行禁止，軍容整齊，被曹操讚譽為「有周亞夫之風」。

在平定河北袁紹勢力的戰役中，徐晃再次展現出他的遠見卓識。

占領冀州重鎮邯鄲後，曹操兵臨易陽城下，即將發起進攻，這時，徐晃請求曹操以招安政策代替武力進攻，讓沒有攻下的城池望風而降。曹操接受了徐晃的建議，並令他全權負責執行。徐晃寫了一封信給易陽守將，陳明利害，勸其歸順，然後用箭射入城中。最終不費一兵一將就拿下易陽城，達到孫子兵法的境界——「不戰而屈人之兵」。

順帶一提，膾炙人口的「延津口誅文醜」其實是徐晃的光輝戰績，和關羽關二爺並無關係。

徐晃在作戰時不僅看得深遠而且看得仔細，夜渡蒲阪津即是一例。

西元二一一年，徐晃跟隨曹操征討西涼馬超，當他們在潼關被敵軍阻擋無法前進時，眼明心細的徐晃注意到黃河對岸的蒲阪津沒有敵軍駐守，便要求帶一支精兵夜間渡河到敵軍那邊建立足點，一來可以接應曹軍，二來可以截擊西涼軍。曹操贊成他的建議，囑他按計行事。後來徐晃成功渡河，開闢了一塊至關重要的新陣地。曹操能夠進入關中地區並大破西涼軍，憑藉的就是這條水上通道。

最能體現徐晃軍事謀略的，正是魏蜀吳三方均參與的荊州之戰。

西元二一九年八月，關羽水淹七軍，俘虜于禁，擒殺龐德，一時之間整個華夏為之震動。為解襄陽樊城之圍，徐晃受命率領一支新招募的軍隊從南陽奔赴荊州戰場，和老相識關羽展開了一場改變歷史走向的交鋒。徐晃深知自己手裡的新兵不是關羽軍隊的對手，於是採取了深溝高壘，閉門不戰的策略，這下子倒把關羽搞糊塗了，他一來擔心自己的退路被切斷，二來不知道徐晃葫蘆裡賣的是什麼藥。

不久，曹操派來了大批援軍，全數交由徐晃指揮。於是徐晃適時改變策略。

當時，關羽的軍隊分別駐紮在圍頭和四塚兩地，徐晃對外宣稱要攻取敵軍主力所在的圍頭，暗中卻率兵向四塚進攻，關羽聞報急忙領兵來救，兩個老朋友終於在戰場上面對面了。

此時，兩位英雄之間發生了傳奇而戲劇性的一幕。徐晃和關羽隔著很遠的距離對話，但語平生，不及軍事。然後，徐晃宣軍令曰：「得關雲長首級者，賞金千斤。」

義氣為重的關羽聞言大驚，說：「大哥，你這是什麼話？」

公私分明的徐晃回答：「此乃國家之事。」

最後，徐晃的軍隊大敗關羽軍，成功解除了襄陽和樊城的圍城危機，遏制了劉備一方北進中原的猛烈勢頭，也改變了赤壁之戰後不利於曹操一方的戰略格局。

徐晃凱旋而歸時，曹操出營七里迎接，隨後設宴慶賀，並且特意頒佈一道命令讚揚徐晃的赫赫戰功，其中最值得一提的是這段評價：「樊（城）、襄陽之圍，勝過以前的莒、即墨之圍，所以將軍之功，勝過孫武、穰苴。」

最後要說的是，在《三國演義》中，徐晃在討伐孟達時不幸中箭身亡，這絕對是藝術性的虛構。真實歷史上，徐晃是在西元二二七年因病辭世，和馬援一樣身死沙場。馬革裹屍固然悲壯，像徐晃一樣戎馬一生而得以善終，又何嘗不是一種幸福呢？

「長驅直入」的來歷

西元二一九年，關羽水淹七軍，俘虜于禁，斬殺龐德，將樊城的曹仁團團圍困，一時華夏震動，天下皆驚。

曹操得知前線失敗的消息，就派徐晃率軍支援曹仁，關羽則在營寨四周大挖戰壕，以抵禦徐晃的進攻。然而徐晃聲東擊西，一邊派人迷惑關羽，一邊親自帶領軍隊越過重重障礙，直達關羽的大本營，一舉取得勝利。

徐晃使曹軍反敗為勝，威名大震。為了嘉獎徐晃，曹操專門發佈了《勞徐晃令》，其中有這樣的評價：「吾用兵三十餘年，及所聞古之善用兵者，未有長驅徑入敵圍者也。」

「長驅徑入」後來演變為「長驅直入」，用來形容進軍迅速順利，敵人難以阻擋。

虛榮一世，英名毀於一旦——崔烈

諸葛亮在隆中隱居時，結交了一些隱士朋友，在《三國演義》一書露面的有四位，分別是徐庶、崔州平、石廣元、孟公威。這幾位隱士中，最真實的就是崔州平了，因為他始終淡泊功名利祿，一直沒有出來做官。之所以如此，原因肯定是多方面的，但其中一個原因應該和他父親崔烈有些關係。

崔州平的父親崔烈曾是非常受人尊敬的朝廷重臣，卻因為晚年的糊塗之舉，一失足成千古恨，淪為天下人的笑柄，以至於讓兒子對仕途失去了興趣。

崔烈出身於河北地區的高門望族，世家大姓——博陵崔氏。他的叔祖崔駰、從叔崔瑗、從弟崔寔都是當時的大名人。博陵崔氏的男子不僅精於儒家經典，且文采出眾，個個寫得一手好文章，崔烈自然也不例外，據《後漢書》記載，他至少有四篇作品傳世，包括詩、文、賦。

和很多官員一樣，崔烈走的也是從地方晉升至中央的路線，他進京任職之前在不少州郡擔任首長。崔烈是個憂國憂民的官員，他為官一任，造福一方，在每個地方都贏得了百姓的擁戴，留下不錯的口碑，同時也積累了充足的執政經驗，為日後入京輔佐皇帝打好了基礎。

因為崔烈「有重名於北州」，當時的漢靈帝為了顯示自己重視人才，便將他調到京城擔任九卿之一。

漢靈帝統治中後期，東漢王朝在政治上分崩離析，國庫入不敷出，眼看就要「國將不國」，難以為繼，此時「聰明」的漢靈帝一拍腦袋，想出了一個掙錢的好辦法——賣官。

漢靈帝派人在京城的鴻都門貼出了賣官告示，並且把中央政府到地方郡縣的各級官職都標明價碼，從高到低一溜兒排開，供有錢的富人和無錢的無賴選擇。為什麼沒錢的也能參與買官呢？因為告示規定：「有錢的先交錢後授官，沒錢的先授官，然後按期補交兩倍的錢。」由此可見，漢靈帝雖然是個混蛋，但絕對不是個笨蛋。

做了笨蛋的是崔烈，而且一「笨」千年，從此回不去了。

崔烈從小就有著「修身、齊家、治國、平天下」的遠大志向，而且憑藉高貴的家世和自己的努力走到了九卿的高位。人心不足蛇吞象，崔烈並不滿足於現有的官職，相反的，他為此非常鬱悶，因為他在九卿的職位已經待了好多年了，卻絲毫沒有向三公（太尉、司徒、司徒）之位邁進的跡象。眼看自己很快就要到了致仕退休的年齡，崔烈心裡越來越著急——如果在退位之前不能升到國家級的三公之列，那麼自己這麼多年的奮鬥和努力不就功虧一簣，毀於一旦了。

真是「天無絕人之路」，就在這個時候，漢靈帝的賣官告示在鴻都門張貼出來，看到那張金光閃閃的皇榜，崔烈當時的心情，正像是「連綿梅雨之後撥雲見日」，看見機會的曙光，出身高門士族的他最不缺的就是錢了，對他來說，錢能解決的事，根本不是事。

興奮勁兒過去後，崔烈並沒有直接去賣官部門交錢買官，他要顧及身為高門望族「博陵崔氏」的名聲。最後，崔烈走了一直比較欣賞他的漢靈帝乳母程夫人的門子，用五百萬錢的代價從漢靈帝那兒換來了司徒的高位。

到了舉行授官儀式的那一刻，漢靈帝有點後悔，悄悄對身邊的親信隨從說：

「這官賣得便宜了，應該可以賣到一千萬錢的。」

程夫人當時正好也在現場，她半邀功半安慰地回應皇帝說：「崔烈是冀州名士，怎麼會買官呢？要不是我牽線，連這些都沒有呢！」

俗話說，好事不出門，壞事傳千里，崔烈花錢買官的事很快就飛出朝堂，在京城內外傳得紛紛揚揚，人盡皆知了。

崔烈本來就對自己當上司徒頗為心虛，當街談巷議，閒言碎語傳到他耳邊時，他更是變得惶恐不安。崔烈因為買官之舉寢食難安，卻無法把自己那見不得陽光的心事向別人傾訴，於是就想從兒子們那兒尋點安慰。

一天，實在受不了內心煎熬的崔烈問當時任虎賁中郎將的兒子崔鈞：「我今日位列三公，大家如何評論？」

崔鈞說：「大人少有英稱，曆位卿守，論者不謂不當為三公；而今登其位，天下失望。」

崔烈問其原因，崔鈞說：「論者嫌其銅臭。」順便說一下，「銅臭」一詞的典故就是從這兒來的。崔烈聽到兒子這樣的回答，雖然差點氣昏過去，但自知理虧，也只得強壓怒火，找個無人之處暗自舔舐自己的傷口……

如果崔烈沒有在晚年寫下鉅款買官的人生敗筆，他會在歷史上留下非常正面的形象，但歷史沒有如果，不能假設，過度的虛榮心已經為崔烈牢牢地釘下恥辱的標籤。虛榮心本也無可厚非，誰都難以免除，一個被虛榮心沖昏腦袋的人，必定會像崔烈一樣身敗名裂，為天下所恥笑。

漢靈帝的特別愛好

漢靈帝劉宏是一個非常喜歡做買賣的皇帝，以至於在後宮搞起了行為藝術。

漢靈帝在後宮仿造街市店鋪，讓妃嬪、宮女、太監們一部分扮成各種店主叫賣，一部分扮成買東西的客人，還有的扮成賣唱的、耍猴的等。他自己則裝扮成買貨的大商人，在這後宮「集市」的街道上走來走去，或在酒店中飲酒作樂，或與店主、顧客相互吵嘴、打架、廝鬥，玩得熱鬧異常，不亦樂乎。店中的貨物經常被貪心的妃嬪、宮女、太監們竊為己有，漢靈帝卻一點兒也不知道。

華歆沒有那麼「俗」

「俗」字作為形容詞，有三層含義，第一層接近褒義，指大眾化的、最通行的、習見的，例如：俗名、俗語、俗曲、雅俗共賞；第二層明顯貶義，例如：俗氣、俗物、鄙俗、粗俗、庸俗；第三層不褒不貶，例如俗人、凡夫俗子等等。

在人們的印象中，三國時的曹魏重臣華歆絕對是一個俗氣的傢伙，不僅愛財，而且是個官迷，他趨炎附勢、狐假虎威。實際上，這都是《三國演義》的三分虛寫和某些士大夫的道德潔癖造成的誤解，歷史上的華歆並沒有這麼俗氣。相反的，在經受重大考驗的時刻，他表現出超凡脫俗的高貴氣節。

先來說說所謂華歆愛財的事。

管寧割席

華歆年輕時曾經和管寧一同求學，有時也會一起做做農活，搞搞自給自足的農業生活。一日，倆人鋤地時在泥土裡發現了一塊金子，管寧像什麼都沒發生一樣繼續幹活，華歆則把金子撿了起來，之後，他感覺管寧看他的眼神不對，就又扔掉金子，於是，華歆便有了愛財的惡名。

實事求是的說，這個故事並不能證明華歆愛財，只能說明他愛惜財物，不願看到有價值的東西被白白浪費，同時還透露出他對管寧的尊重。

和管寧在一起時，華歆還有另一個大家所孰知的成語故事。

話說一天，華歆和管寧正併坐著讀書，忽然牆外路上有一個大官的車駕經過，管寧依然故我，而華歆卻起身到外面去看熱鬧。等到華歆回來時，管寧非常嚴肅地對他說：「你不再是我的朋友了。」然後毅然決然地把他們共坐的席子從中間割開，「管寧割席」的典故就是從這兒來的。

管寧、華歆共園中鋤菜，見地有片金，管揮鋤與瓦石不異，華捉而擲去之。又嘗同席讀書，有乘軒冕過門者，寧讀如故，歆廢書出看。寧割席分坐曰：「子非吾友也。」（《世說新語・德行》）

管寧的高風亮節的確值得讚美，但華歆的表現卻也不違背人性。在深受「學而優則仕」思想影響的社會，想入仕為官是可以理解的，只要不走歪門邪道，不搞權錢交易就無可厚非了，而華歆正是一個行得正、做得端的官員。

華歆還禮

西元一八九年，漢靈帝駕崩，外戚和宦官爭權互攻，京都洛陽亂成一團，西涼軍閥董卓趁機進京控制朝政。正在朝中擔任尚書郎的華歆不願意和專權殘暴的董卓同流合污，就請求出京到下邽任職，然後藉機翻越秦嶺來到南陽。華歆勸南陽太守袁術發兵討伐董卓，拯救漢室，但袁術沒有採納，華歆只得繼續東行，踏上了回鄉之路。董卓被殺死之後，在太傅馬日磾的薦舉下，華歆被任命為豫章（今江西省南昌市）太守。

在太守任上，華歆與民休息，從不擾民，豫章百姓非常感念他的德政，當他們聽說避難豫章的揚州刺史劉繇剛死，無人繼任時，就自發地聚集到太守府外，懇請華歆接任揚州（豫章屬於揚州）刺史一職。華歆感謝大家對他的擁戴之情，但拒絕在沒有詔命的情況下就任，豫章百姓在深感遺憾的同時，更加欽佩華歆的高尚品格。

孫策占領吳越諸郡之後，意欲劍指豫章，華歆知道自己手下的軍隊抵擋不住善於用兵的「小霸王」孫策，更不願讓豫章百姓陷於無謂的戰火，就明智地放棄抵抗，迎接孫策入城。孫策對華歆也非常尊重，以上賓之禮待之。

後來，華歆應漢獻帝之召即將到許都（今河南省許昌市）就任要職，在他進京之前的那段日子，親朋好友贈送了「數百金」的禮物，華歆來者不拒，悉數收下，並暗中在每份禮物上寫下送禮者的名字。

臨行這天，華歆當著前來送行的親朋和百姓們的面，把他收到的禮物一一擺放出來，然後鄭重其事地說：「本無拒諸君之心，而所受遂多。念單車遠行，將以懷璧為罪，願賓客為之計。」大家都無法保證他能夠安全帶著這麼多金銀珠寶抵達京城，只好收回當初送給他的貴重禮物。

清廉好官

來到許都之後，華歆先後擔任過尚書、侍中、尚書令、御史大夫、相國等重要職位，一直以清廉正直著稱。

華歆家中從來沒有十斗以上的餘糧，他把祿米和皇帝的賞賜都用來接濟救助有需要的人。朝廷每次將罰沒為奴的年輕女子賞賜給大臣，華歆從不把她們當成奴婢，而是給與自由，協助其成家。魏文帝曹丕對華歆的做法讚歎不已，稱其為「國家難得的長者」，不僅把自己的衣服賞賜給華歆，還為他的妻子及家中男女做衣服。

西元二二〇年，曹丕代漢稱帝，舉行受禪儀式時，「諸侯群後，無不人人喜悅，其形盡現於聲色」，唯獨相國華歆和尚書陳群臉上沒有喜慶之色。曹丕對此久久不能釋懷。華歆是一位嚴肅方正的長者，曹丕對他敬畏有加，不好意思直接問他其中緣由，就找個機會向陳群提出了這個疑問。

陳群離席長跪道：「臣與相國曾為漢朝之臣，內心雖為陛下感到喜悅，但在義理上，臣等的神色實應畏懼、甚至憎恨陛下才對。」這應該也是華歆的心聲。

曹丕的兒子魏明帝曹叡也對華歆非常尊重。曹叡繼位時，華歆已經年近古稀，他請求告老還鄉，頤養天年，曹叡知道華歆是個德高望重的老臣，特意頒佈詔書挽留他，並且派散騎常侍去華歆家裡請他赴朝臣之宴。曹叡在詔書中誠懇地請求華歆克服病痛的困擾參加朝會，施惠澤於皇帝，而且表示將和文武百官一起站著等待華歆的到來。散騎常侍動身時，曹叡又特別囑咐他必須在華歆起身赴會時才能回來。華歆在魏明帝一朝所受的禮遇可見一斑。

魏明帝曹叡在繼位的第四年發兵討伐蜀漢，正在家中休養的華歆聽說之後，不顧年老體邁，懷著滿腔愛民之心給皇帝上書請求退兵。華歆認為「為國者以民為基，民以衣食為本」，所以他懇請魏明帝留心治國聖道，多為百姓著想，注重農業生產，不到萬不得已不要進行征戰。華歆的忠心赤膽和懇切言辭令魏明帝深深感動，最終他聽從了華歆的建議，下旨退兵。

華歆的一紙奏疏一下子挽救了無數士兵和百姓的生命，不但魏國人民應該感恩於他，蜀國人民也應該對他心存感激。

另外值得一提的是，華歆還曾不計前嫌地向皇帝推薦當年和他割席斷交的管寧擔任國家重職，足見其不僅忠君愛民，清正廉潔，還有著寬廣如海的胸懷，和《三國演義》裡那個趨炎附勢，不忠不義的俗氣小人絕對沒辦法劃上等號。

三國第一雅士管寧

管寧（西元一五八年～二四一年），字幼安。北海郡朱虛縣（今山東省安丘、臨朐東南）人。東漢三國時期著名隱士。

管寧與華歆、邴原並稱為「一龍」，龍頭華歆，龍體邴原，龍尾管寧。漢末時，管寧與邴原等人至遼東避亂，並憑藉自己的名望引來大量逃避戰亂的人和當地百姓，管寧就開始講解《詩經》、《書經》，開展教化工作，為遼東地區的文化發展做出了重大貢獻。

魏文帝黃初四年（二二三年），管寧落葉歸根返回故里，遼東太守公孫恭親自送別。曹魏幾代帝王數次徵召管寧，他都沒有應命。二四一年，管寧悠然而逝，享年八十四歲，他終其一生未出仕，成為一個獨立純粹的人。

後世對管寧的評價極高，蘇東坡以為管寧懷才而遁世，不侍奉曹操父子，品格高尚，眼界高遠，勝過荀彧等人。現代史學大家錢穆更讚賞管寧為三國第一人。

「臥冰求鯉」不是我唯一的標籤——王祥

《二十四孝》中的〈臥冰求鯉〉是中國人喜聞樂道的故事之一，這個故事既宣揚了孝道，又頗有童趣，還充滿神奇色彩，故事的主人翁王祥在歷史上不僅有明確記載，而且和我們熟悉的很多大人物息息相關。

王祥的繼母朱氏被王祥的善良和孝順感動之後，痛改前非，將王祥視為己出，一家人終於過上和和睦睦的新生活。雖然王祥家裡的糾紛圓滿解決了，但當時的中原大地依然是「白骨露於野，千里無雞鳴」的亂世。為了躲避北方無休無止的戰亂，王祥一家人從琅琊郡南遷到千里之外的廬江郡，也就是現在的安徽省合肥市一帶，直到西元二二〇年曹丕建立魏國，北方漸呈太平之勢時，才回應徵召出山做官。

徵召王祥為朝廷效力的，乃是新任徐州刺史呂虔，就是《三國演義》中，赤壁之戰時為曹操掌管後軍，和徐晃、張郃、夏侯淵等人並列的名將。呂虔對王祥非常信任，安排他擔任別駕一職，並把徐州的政事都委託給他處理。

王祥是個德才兼備的人，他沒有辜負呂虔對他的信任，以忠誠和才幹交了一份幾乎滿分的試卷。王祥到任時，徐州東部海沂一帶盜匪橫行，民不聊生，他率領兵士馬不停蹄地討賊蕩寇，將那些為害一方的強盜匪徒打得落花流水，徐州境內得以呈現太平無事、安居樂業的祥和氣象。徐州百姓非常感激王祥，編了一首歌謠來歌頌他：「海沂之康，實賴王祥。邦國不空，別駕之功。」

俗話說「忠孝不能兩全」，但了不起的王祥既是出名的孝子，又是無畏的忠臣。

曹丕的孫子曹髦當皇帝，司馬昭專權的時候，王祥已經是舉足輕重的四朝老臣了。曹髦對王祥極為敬重，任命他為魏國三老，並經常向他請教治國之道，王祥則不顧年邁悉心輔佐曹髦，年逾古稀的老臣諄諄教導風華正茂的皇帝那一幅美好的畫面可謂動人心弦，感人至深。不幸的是，幾年後曹髦因為領兵反抗司馬昭的控制而被奸賊殺害，噩耗傳來，忠心一片的王祥捶心痛哭，淚流滿面地說：「這是老臣的罪過呀！這是老臣的罪過呀！」

司馬昭死後，他的兒子司馬炎襲爵成為晉王，王祥和荀顗按照朝儀去向他表示祝賀。

荀顗對王祥說：「晉王是國之宰相，地位尊貴，今日我們見他應當下拜。」

王祥回應道：「晉王是魏的宰相，我們是魏的三公，公與王上朝時同班而列，哪有天子的三公動輒向人下拜的道理？這樣會損害魏的威望，也將有損晉王的品德。君子愛護一個人應按禮行事，我不會拜他。」

見到司馬炎時，荀顗立即屈膝下拜，而王祥說到做到，只做了一個長揖。司馬炎不僅沒有責怪他，還滿懷敬意地說：「今天才知道您是多麼看重我啊！」

當司馬炎強迫魏元帝曹奐禪位，逕自登基以晉代魏的時候，王祥又一次表現出他忠貞無畏的高風亮節。儘管晉武帝司馬炎和曹髦一樣對王祥特別敬重，但王祥還是以年老體弱為由，多次請求讓位退休。晉武帝竭力挽留，王祥依舊不為所動，堅持要辭官隱退，武帝最終拗不過王祥，只得頒下聖旨同意他以一等爵位睢陵公的身分退隱，並且同時享有和三公一樣的地位及俸祿。

王祥毫無疑問是忠於曹魏王朝的一代名臣，可是，史書卻跟他開了一個大大的玩笑——《三國志》的魏國部分沒有他的傳記，而《晉書》卻有他的一席之地。之所以如此，應該是因為王祥的子孫後人在晉代無比發達，榮耀無雙——大家熟知的王謝風流的王氏家族開山鼻祖就是王祥，也就是說，東晉王朝的開國第一勳臣王導，古今第一大書法家王羲之身上都流著和王祥一脈相承的熱血。

孝順父母也能名留千古

王裒是魏晉時期營陵人。父親王儀被司馬昭殺害之後，他隱居以教書為業，終身不面向西坐，表示永不做晉臣。其母在世時怕雷，死後埋葬在山林中。每當風雨天氣，聽到雷聲，他就跑到母親墳前，跪拜安慰母親說：「裒兒在這裡，母親不要害怕。」他教書時，每當讀到《蓼莪》篇，就常常淚流滿面，思念父母。後人有詩云：「慈母怕聞雷，冰魂宿夜台。阿香（神話傳說中推雷車的女神）時一震，到墓繞千回。」

醜侯吳質：好人緣是多麼重要

唐代大詩人李賀有一首非常精彩的詩作，名為〈李憑箜篌引〉，其中最後兩句是這樣寫的：吳質不眠倚桂樹，露腳斜飛濕寒兔。此處，李賀可能是不小心犯了一個錯誤，把吳剛寫成吳質了。

中國人都知道，月亮之上有一位不斷揮動斧頭，永無休止地砍著桂樹的神仙，名叫吳剛。關於他的最早文字見於《酉陽雜俎》一書，作者是稍晚於李賀的段成式，但是吳剛伐桂的故事在這本書問世之前早就已經流傳了，所以吳剛才會由於李賀的小疏忽，以吳質之名出現在他的詩作中。

吳質雖然不如吳剛有名，卻是歷史上真實存在的人，而且和很多三國名人有著剪不斷的密切關係。

首先，吳質和曹操父子，特別是曹丕，關係非比尋常。

三曹（曹操、曹丕和曹植）和建安七子是建安文學的代表人物，他們時常詩酒唱和，書信往來，遺憾的是，伴隨著西元二一七年陳琳、劉楨、應瑒、徐幹先後歿於瘟疫，建安七子都離三曹遠去，曹氏父子沒有了知音，只好在文臣中尋找新的唱和者，文采不錯的吳質於是成了曹丕和曹植都想拉入其陣營的人物。

曹植寫了一封《與吳季重[12]書》，希望吳質能夠和他站到同一陣線，但吳質深知就政治能力而言曹丕遠在曹植之上，就回了一封《答東阿王書》，婉言謝絕了曹植的邀請，並轉而死心塌地為曹丕出謀劃策。在幫助曹丕贏得魏國世子之位上，吳質做了兩件大事，一是提醒曹丕，為曹操送行時要以眼淚戰術，才能對抗曹植天下第一的才華。這件事為曹丕上位打下完美的心理戰；二是以一招妙計瞞過曹操，打敗楊修，最終成功把曹丕推上世子之位。

在第二件事上，吳質可謂計高一籌，竟然讓曹操這個天天打鳥的人被鳥啄了眼睛。其實吳質這一招，曹操早年就用過。

12　吳質字季重。

曹操年輕時整天和袁紹等人一起鬥雞遛狗，他的叔父對此非常不滿，總是在他大哥也就是曹操之父曹嵩的耳邊叨唸侄子的不是。某一天曹操假裝得了癲癇，並故意讓他叔父看見。於是叔父跑去給曹嵩報信，後來曹嵩見到兒子曹操時，發現他根本好好的，什麼事都沒有，從此再也不相信叔父的話了。

吳質打敗楊修靠的也是這一招，只不過曹操自導自演，吳質後發制人。

吳質是用計打敗楊修的：方法其實與曹操當年對付叔父的做法異曲同工。有一段時間，曹操有打算立曹植為世子的跡象，曹丕看著這個局面是又氣又急，便悄悄囑咐吳質躲藏在裝絹的竹筐內，放在車上，順路運送進府商量對策。不巧，這個場面被曹植的心腹，主簿楊修看見了，便到曹操那裡告了曹丕一狀，但曹操並未派人前去查驗。曹丕知道後害怕了，問吳質怎麼辦，吳質道：「這有什麼關係？明日再把絹放在竹筐中，用車運進府來就是了。」第二天曹丕依計而行，楊修又去向曹操報告並且要求派人去查，結果看到的卻是滿筐的絹，於是曹丕躲過了一場大麻煩，而楊修卻被曹操認為心懷叵測，為他日後被殺埋下伏筆。

曹操父子之外，還有三個三國名人和吳質有著密切或特殊的關係，他們分別是大名鼎鼎的司馬懿、創立九品中正制的陳群，以及曾與司馬懿並肩作戰的名將曹真。吳質和司馬懿、陳群都是曹丕身邊的智囊級人物，他們和另一個重要謀士朱鑠並稱為「四友」，曹丕能夠戰勝曹植奪得世子之位最終登上皇帝寶座，「四友」可謂勞苦功高，居功甚偉。

吳質這個人本事確實不小，但他的脾氣和傲氣卻遠比本事要大，這一點朱鑠深有體會。

吳質雖然出身低微，卻生來狂傲自負，父老鄉親都對他深為不爽，他則我行我素，滿不在乎，直到遇見既有才華又有權勢的「三曹」，他那一對狂放拍打著的翅膀，才逐漸有了安定的傾向。但是當曹氏父子不在吳質身邊時，其狂傲之氣仍會不由自主地表露出來，最厲害的一次發生在西元二二四年。

這一年的某個月，吳質從他任職的河北回到京城洛陽晉見皇帝曹丕。曹丕安排眾將軍到吳質府上為他接風洗塵，吳質本來就自以為文采蓋世，根本不把武將放在眼裡，他見皇帝這麼給他面子，心中的狂氣越發澎湃洶湧，暗中決定要拿兩個形象特別突出的將軍尋開心。在魏國武將中，舉足輕重的曹真是一個大胖子，而掌管禁軍的朱鑠是一個竹竿似的瘦子，他們兩個不幸成了吳質惡作劇的對象。

正當眾將觥籌交錯，舉杯暢飲之際，兩名說書藝人在吳質的安排下走上舞臺，作揖施禮後便開始一唱一和，聲情並茂地講演關於胖子和瘦子的笑話。在這段過程中，吳質刻意不時地看看曹真，瞅瞅朱鑠，把眾人的眼光往他們兩個身上引，結果武將們一個個笑得揮手頓足，前仰後合。

身為魏國宗室的曹真回過神之後，感覺深受其辱，站起身來怒視吳質，質問對方此舉何意。吳質居然毫不示弱，手按寶劍怒斥曹真無事生非。朱鑠趕上前來想打個圓場，目中無人的吳質根本不給他面子，讓他哪兒涼快哪兒待著去，朱鑠見吳質如此狂妄，他也急了，怒氣沖沖拔出寶劍插在地上。

結果，一場歡迎酒會弄得劍拔弩張，不歡而散。

吳質就是這樣一個狂人，除了才華遠勝於他的三曹之外，他不把任何人放在眼裡。因此，對他來說，擁有正常的人際關係幾乎是不可能的，如果他死在曹丕前面，那也算功德圓滿，名利雙收。不幸的是曹丕先他而去，等到七年後吳質去世時，討厭他的文武群臣和皇帝曹叡給他擬了一個充滿嘲諷的諡號——醜侯，這也算是他為自己的狂妄所付出的代價吧！

曹丕為王粲學驢叫

建安二十二年（西元二一七年），建安七子之一的王粲去世，當時還是魏王世子的曹丕與其交情非常深厚，親臨哭弔。在靈堂上，曹丕建議道：「仲宣（王粲字）生前喜歡驢叫，我們就各學一聲驢叫來送走他吧！」於是弔客異口同聲地學起驢叫，此事一時傳為佳話。

廖化其實很「犀利」

當我們看到一個團隊江河日下，人才匱乏之時，便會自然而然想起一句和《三國演義》相關的俚語——蜀中無大將，廖化作先鋒。

不熟悉三國的人，在知道這句俚語之後，會把廖化聯想為一個平平庸庸，能力不足的人。其實這句話歪曲醜化了廖化這個人物，他若能透過歷史煙雲穿越到現在，說不定會拿起六法全書控告那個損害他聲譽的人。

和蜀國的關羽、張飛、趙雲、馬超、黃忠等五虎大將相比，廖化確實是稍遜一籌，但他絕對不是人們想像中的庸碌之人，不管是《三國演義》中的廖化還是歷史上的廖化，都有著好幾筆值得大書特書的人生亮點。

先看看廖化在《三國演義》的精彩表現。

鎮守荊州的關羽派兵攻打曹軍據守的襄陽，派任劉備的小舅子，也就是大將糜芳當先鋒，結果還沒出兵軍營就失了火，許多糧草兵器被燒毀，關羽便命廖化頂替糜芳做了先行官。為人謹慎，行事縝密的廖化最終不負眾望，輔助關羽攻下襄陽這座軍事重鎮。

後來，東吳水軍都督呂蒙白衣渡江，荊州失守，關羽被迫敗走麥城，卻又被吳軍團團圍住。危難之際，忠肝義膽的廖化主動請纓，突破重圍，遠赴上庸求救，可惜劉封、孟達鐵了心，不肯發兵救援，廖化只得「上馬大罵出城，望成都而去」。

劉備伐吳失敗，駕崩白帝城永安宮後，諸葛亮以攻為守，六出祁山，廖化幾乎參與了每一次北伐之役，而且立下不少的汗馬功勞。第六次北伐的時候，廖化居然有幸和魏國大都督司馬懿打了照面，並且憑著一桿花槍把司馬懿一行人打得落荒而逃，司馬懿還險些丟了性命。廖化雖然沒有砍下司馬懿的腦袋，卻取得了對方的頭盔，立了頭功，以至於惹得名將魏延嫉妒心起，才「口出怨言」。

雖然說文學源於現實，高於現實，不過歷史上的廖化卻比《三國演義》中的廖化更具傳奇色彩。

西元二一九年，東吳襲取荊州，關羽兵敗被殺，時任關羽主簿的廖化也不幸被吳軍俘獲。「近朱者赤」的廖化靈機一動，計上心來——他先向當年的關羽學習，詐降吳國，後來了個詐死。在別人信以為真的當口，他偷偷地千里走單騎，帶著老母晝夜西行，經歷一番艱辛之後，終於到達蜀漢境內。

劉禪即位後，廖化升任丞相參軍，後來又先後擔任過廣武督、陰平太守等重要職位，多次參與了北伐行動。西元二三八年，廖化擊敗魏國南安太守游奕，射殺廣魏太守王贇，一時之間在蜀國傳為美談。西元二五九年，廖化因功升任右車騎將軍，假節，領並州刺史，封中鄉侯。

西元二六二年，姜維率眾從狄道出兵伐魏，身經百戰，經驗豐富的廖化勸阻姜維說：「『兵不戢，必自焚』，伯約之謂也。智不出敵，而力少於寇，用之無厭，何以能立？詩云：『不自我先，不自我後』，今日之事也。」但建功心切的姜維沒有採納廖化的意見，後來事實果如廖化所料，姜維被鄧艾所破，被迫還駐遝中。

廖化不僅一生戎馬倥傯，戰功卓著，還是一位長壽將軍。

廖化「初為黃巾賊」，黃巾之亂開始於一八四年，張角在河北冀州舉事起義，最後結束於二〇四年張燕領導的黑山黃巾軍投降曹操，所以，參加過黃巾起義的廖化應該生於西元一七〇年到一九〇年之間，這樣算來，廖化在二六四年去世時至少已經七十四歲了，最大則可能達到九十四歲，這個年齡無論在當時還是現在，都絕對算得上長壽。

「矬子將軍」其實能言善道

「兵不戢，必自焚」，伯約之謂也。智不出敵，而力少於寇，用之無厭，何以能立？詩云「不自我先，不自我後」，今日之事也。

憶氏白話：

「兵不戢，必自焚（如果不停用兵，必定玩火自焚）」，講的正是姜維姜伯約啊。智力不能超出敵人，實力又弱於敵人，用兵如此不厭煩，怎麼能夠建功呢？《詩經》說：「不自我先，不自我後，今日之事也。（為何這樣的惡政不在我之前，也不在我之後，卻讓我這個時代給碰上了呢？）」這正是現在的情況呀！

竹林七賢的顏值擔當——嵇康

縱觀中國歷史，文人才子的生命歸宿大抵有四種，其一是在隱居中溘然長逝，例如陶淵明、孟浩然、唐寅；其二在失意潦倒中憂鬱而死，例如李白、杜甫、李商隱；其三在理想破滅後自盡而死，以投水者居多，例如屈原、司空圖、王國維；其四則是因言罹禍死於統治者的屠刀之下，例如嵇康、高啟、金聖歎。

其中以第四種為最典型的才子離世方式，而嵇康又是其中最典型者，一是因為他的年代相對較早；二是因為他所處的正是一個腥風血雨、箝制輿論的時代；三是因為他是一個憂國憂民的忠義之士；四是因為他是個秀外慧中，內外兼修的真才子。

嵇家有男傾洛城

我們通常認為嵇康是西晉文學家、音樂家。但實際上，他一生都生活在三國時期，而且與魏國皇室有著密切關係，他的妻子是魏武帝曹操的曾孫女長樂亭公主。

幼年喪父，家境不佳的嵇康為什麼會成為魏國皇室的女婿呢？答案很簡單——嵇康不僅才高八斗，學富五車，而且是名動京師洛陽的美男子，一等一的大帥哥。

嵇康身為「竹林七賢」之首，他的才華學問世人皆知，但知道他帥氣的人可能不是很多，其實嵇帥哥的儀表風姿遠遠超出他的才華學問，若論才學，他在文學史上只能排在中上之輩；若論容貌儀表，他絕對位列前三名，甚至是獨一無二，天下第一。

嵇康究竟有多麼帥呢？請看歷史記載。

據《晉書》記載，他「身長七尺八寸，美詞氣，有風儀，人以為龍章鳳姿，天質自然。」

《世說新語．容止》讚美他「風姿特秀，如蕭蕭肅肅，爽朗清舉。」或云：

「肅肅如松下風，高而徐引。」

他的朋友山濤則說：嵇康站的時候就如孤松獨立；醉酒之時恰似玉山將崩。

實際上，嵇康之美已經到了出神入化，超凡入聖的程度。據說一次他去森林裡採藥，流連山色之時，一老樵夫望見他的神采，驚呼：「此仙人也！」

尤為難得的是，嵇康絕不是傅粉何郎那樣的奶油小生，也不是「橋南荀令過，十里送衣香」之流的藻飾之徒，他崇尚的是清水芙蓉般的自然美，毫無雕飾，這與他在詩文創作上的理念——「心寫心語不失真」是一脈相承的。

更難得的是，在幾乎所有文人才子都弱不禁風的情況下，嵇帥哥卻有著連我們當代人都極為羨慕的健美挺拔身材，古銅色肌膚。因為他有一個特別的愛好，那就是鍛鐵。

每年夏天，嵇康都會在自家院內的柳樹下鍛鐵，在酣暢淋漓的流汗中盡情享受生活之樂。四百年後的大詩人李白曾經寫過一首讚美冶鐵匠人的《秋浦歌》：

爐火照天地，紅星亂紫煙。赧郎明月夜，歌聲動寒川。

詩中的「赧郎」不恰好是高大帥氣、善撫琴、能高歌的嵇康之絕妙寫照嗎？

鍛鐵造就了一個與眾不同的嵇康，也為他的悲劇命運埋下了伏筆。

竹林中的隱居者

嵇康的年代正是曹魏政權走向衰落，司馬氏父子，特別是司馬師、司馬昭兄弟專權獨斷，意欲篡位自立的時代。身為曹魏皇室的女婿，身為有著強烈是非觀念的文人，看著一個個小皇帝被司馬氏兄弟控制把玩於手掌之中，時時刻刻可能被廢被殺，嵇康感覺「有心殺賊，無力回天」，乾脆來個「眼不見，心不煩」，辭去官職，舉家遷到山陽（今河南省修武縣）歸田園居，過起隱士的生活。

嵇康原本就崇尚老莊之學，追求清淨無為，隱居之後，這種思想更是發揮得淋漓盡致。他成天盡是養生求仙、採藥服藥、清談縱酒。經常與他一起嘯聚竹林，高談闊論的名士有阮籍、呂安、山濤、劉伶、向秀、阮咸、王戎等，人們將嵇康與其中的六位稱為「竹林七賢」。令人迷惑不解的是，與嵇康最志同道合的呂安沒有被列入七賢，而和嵇康背道而馳的王戎卻忝居七賢之列。

雖然「竹林七賢」大都崇尚老莊之學、不拘禮法、生性放達，但他們的政治態度卻並不一致。嵇康堅決不與司馬氏合作；阮籍、劉伶、向秀、阮咸則是表面上合作，實際上不肯投效；山濤、王戎則最終選擇死心塌地為司馬氏服務，他們最終的結局也因此有所不同，嵇康被害；阮籍四人鬱鬱而終；山濤、王戎則是飛黃騰達。值得一提的是，就個人品德而言，山濤算得上是個君子，這點以後還會提到；王戎則是徹頭徹尾的小人，孔子告訴我們「小人難養」，王戎的經歷正是說明小人易活。

實際上，司馬昭一直想籠絡利用嵇康，但高傲的嵇帥哥就是不給他面子。最終導致嵇康被害的除了他本身的性格之外，另一個小人的所作所為也是其中關鍵，這個人就是鍾會。

惹不起的鍾小人

鍾會何許人也？他是一個高門士族的公子哥，父親鍾繇是著名書法家，同時是深受曹操、曹丕、曹睿三代帝王信任的大臣。按理說，這個從深沐皇恩的詩書簪纓之家走出的青年應該忠心於曹魏皇室，沒想到他卻投入司馬氏家族的懷抱，助紂為虐，為虎作倀。

嵇康和鍾會之間致命的樑子，是在他鍛鐵時結下的。

一日，嵇康正袒露著一身古銅色的肌膚熱火朝天地鍛鐵，他的朋友向秀則在一旁為他拉風箱。這時，政壇上炙手可熱，風頭正盛的鍾會慕名前來拜訪。品行高潔的嵇康非常蔑視這個出身曹魏重臣家庭，卻甘心為企圖篡魏自立的司馬氏牽馬墜蹬、吮瘡舔痣的小人，於是自顧自地鍛鐵不輟，不予理會。受到冷落的鍾會惱羞成怒，拂袖正要離去時，一段著名的對話在歷史的空間響起——

嵇康說：「何所聞而來？何所見而去？」

鍾會答：「聞所聞而來，見所見而去。」

鍾會憤憤地走了，嵇康哈哈大笑，向秀在一旁，不禁為嵇康出了一身冷汗。

歷史告訴我們，小人是得罪不得的，他們會想盡一切伎倆，使出渾身解數來報復，甚至戕害你的生命。

但是，像嵇康這樣的正人君子又怎麼能容忍小人的醜惡嘴臉呢？

絕交了還是朋友

當「挾天子以令諸侯」的司馬家族將繫著高官厚祿的釣魚竿伸向「竹林七賢」時，功名之心強烈的山濤、王戎坐不住了，他倆溜出竹林，當起了高級公務員，走上了為司馬家族服務的道路。嫉惡如仇，眼裡容不下沙子的嵇康憤怒了，胸中烈火熊熊，只是還沒有找到突破口。

山濤在升任新職後，竟然傻不愣等地打算推薦嵇康擔任他以前的職位，嵇康這座活火山終於噴發了，他振筆疾書，一氣呵成，寫下了重達千鈞，光耀史冊的《與山巨源絕交書》。在這篇鉅作中，嵇康首先批評諷刺了其志不堅的山濤，而後洋洋灑灑地列出「七不堪」、「二甚不可」，表明自己不願為官、崇尚老莊、蔑視封建禮教之心跡，並抨擊嘲笑了司馬氏的統治集團。

《與山巨源絕交書》就像一篇嵇康向司馬氏公開決裂的宣言書，最終為他帶來殺身之禍，但嵇康是九死不悔，心如玉石的。令人瞠目結舌的是，他竟然在臨死前將子女託付給那位山濤先生。

據《晉書》記載，嵇康在與親人訣別時，看著自己的一雙兒女，深情而放心地說出這樣一句話耐人尋思的話語：「山公（指山濤山巨源）在，汝不孤矣！」因為他知道，雖然山濤與他政治選擇不同，做了貳臣，但絕對是一位寬厚善良，誠實可信的長者。

事實證明，嵇康沒有看錯人，山濤不但將嵇康的子女養育成人，而且還推薦嵇紹（嵇康之子）擔任了重要官職。嵇康與山濤二人共同演繹了一段「君子和而不同」的歷史佳話。

那麼，曠世才子嵇康生命的最後歲月是如何在歷史舞臺上揮灑的呢？

正當司馬昭因為《與山巨源絕交書》而恨嵇康恨得牙齦腫脹，幾近噴血時，一樁冤案將嵇康扯了進來。

原來，嵇康好友呂安之兄呂巽迷姦了弟媳徐氏，卻反過來惡人先告狀，以「不孝」的罪名誣陷呂安，害得倒楣的呂安身陷囹圄。義薄雲天的嵇康得知消息之後，義憤填膺，努力營救。不幸的是，他在為朋友作證時，卻恰遇鍾會。

鍾會趁此機會公報私仇，竟以「亂群惑眾」的罪名將嵇康打入大牢。

嵇康臨刑之前，顧視日影，索琴而彈，從容不迫地演奏了他最喜歡的曲子《廣陵散》。一曲終了，嵇康長歎一聲：「《廣陵散》於今絕矣！」而後慷慨赴死。海內聞之，莫不痛惜。

西元二六二年的那一天，《廣陵散》絕矣！奇男子嵇康絕矣！

竹林七賢中的吝嗇小人——王戎

誰是古往今來，天字第一號吝嗇鬼？莎士比亞劇中的夏洛克？不對。莫里哀劇中的阿巴貢？不對。巴爾扎克筆下的葛朗台？也不對。果戈里筆下的普留希金？也不對。莫非是吳敬梓《儒林外史》中的嚴監生？還是不對。到底是誰呢？這個傢伙應該是「竹林七賢」中的王戎。

和前面五位相比，王戎至少有兩個優勢：第一，他比那五個傢伙更真實。後者都是虛構的文學人物，而王戎卻是實實在在，史書有傳的人物；第二，他比那五個傢伙更早。後者中最早的夏洛克出現在十六世紀，王戎則是生活在西元三世紀，比他們至少早了一千三百多年。

王戎不但有這兩個突出的優勢，而且他吝嗇鬼病發作的時候，其程度和那五位相比，絕對有過之而無不及。

出身於高門豪族琅琊王家的王戎，祖父王雄為幽州刺史，父親王渾是涼州刺史，都是封疆大吏，按理說不該如此吝嗇，但事實恰恰相反，這大概和他在仕途上的一次挫折很有關聯。王戎早年在荊州刺史任上時，曾私派部下為自己修建園林宅第，後被人告發並被免官，但他不久就花錢把官贖了回來。可能就是這次經歷使王戎深刻體會到「功」與「利」之密不可分，功名可以帶來金錢，而金錢則可以買回甚至買到功名，為了避免陷入司馬遷那樣因囊中羞澀而遭受腐刑的災難，王戎的眼光緊緊鎖定在了孔方兄、阿堵物之上。

現在讓我們擦亮眼睛，看看他的光榮事蹟吧！

貪婪的人好像並不少見，但像王戎這樣貪又吝的傢伙似乎並不多見。據說，他經常手執牙籌計算自己的財產，不分白天黑夜，樂此不疲。而其吝嗇與貪婪兩者之間激烈競爭，雙方均不肯落後，王戎雖坐擁萬貫家財，卻不願花錢把身體搞好，整天一副病懨懨的模樣。老天爺竟也讓他活到了七十多歲，真是奇了怪了！

王戎好像跟李子很有緣，小時候判斷路邊多果之李必苦，而輕易取得，並因此事而揚名天下，後來卻又因為李子遺臭萬年。以記載魏晉士大夫言行見長的《世說新語．儉嗇》中寫道：「王戎有好李，賣之，恐人得其種，恒鑽其核。」翻譯成白話文就是說：王戎家中有一棵很好的李子樹，貪財的他常拿李子去賣錢，又怕別人得到種子，所以在賣出之前，會先把李子的核仁鑽洞。雖然只有區區十六個字，王戎之吝嗇已躍然紙上，活靈活現矣！想一想王戎摘李鑽核的場面，肯定奇醜無比。

《世說新語．儉嗇》還記述了這樣的故事：王戎的女兒出嫁到裴家之後，從娘家借了一些錢，一直都沒有歸還。所以女兒每次回來省親時，王戎的面部表情總是由晴轉多雲，直到女兒把錢還清，他才多雲轉晴，高興起來。王戎的侄子要成婚，王戎只送了一件單衣給他，而且還心疼得不得了，老覺得這件禮物太貴重，後來竟在侄子完婚後厚著老臉要了回來。

令人驚訝的是，王戎的老婆竟然對他非常滿意，還深情款款、神經兮兮地稱他為「卿」。要知道，「卿」乃是當時丈夫對妻子的稱呼。所以身為大老爺的王戎不高興了。於是，他老婆說：「親卿愛卿，是以卿卿。我不卿卿，誰當卿卿？」結果，「卿卿我我」一詞就此出爐啦！你看這兩口子，真是王八看綠豆，對了眼啦！

中西方四大吝嗇鬼

西方文學史上有四個著名的吝嗇鬼，分別是《威尼斯商人》（作者莎士比亞）中的夏洛克、《慳吝人》（作者莫里哀）中的阿巴貢、《歐也妮・葛朗台》（作者巴爾扎克）中的葛朗台、《死魂靈》（作者果戈理）中的潑留希金。

相映成趣的是，中國文學史上也有四大吝嗇鬼，他們是先秦作品《外物》（作者莊子）中的監河侯、明代雜劇《一文錢》（作者徐複祚）中的盧至、清代小說《儒林外史》（作者吳敬梓）中的嚴監生、現代小說《圍城》（作者錢鍾書）中的李梅亭。

陸機——我不做將軍已經很久了

談起中國文學史，有一部書是無論如何都不能忽視的，那就是文學史上第一部文藝評論鉅著——《文賦》。《文賦》評古論今，汪洋恣肆，其「籠天地於形內，挫萬物於筆端」之氣魄堪稱空前絕後，冠絕古今。

但是《文賦》的作者陸機卻並不為人所熟知，特別是他起伏跌宕，動人心魄，以大幸運開場，卻以大悲劇收尾的傳奇人生。

按照時下流行的說法，陸機是典型的官二代、名二代，實際上還不止於此，他還是官三代，名三代，因為他的父親是東吳後期名將陸抗，他的爺爺是東吳四大水軍都督之一，鼎鼎大名的陸遜。

陸機出生於西元二六一年，那時的陸家真真是鐘鳴鼎食之家，詩書簪纓之族，比起《紅樓夢》的賈家，是有過之而無不及。

陸機的父親陸抗是東吳的大司馬，領兵與魏國名將羊祜對抗，他們二人惺惺相惜，互不侵犯，在歷史上留下了一段「雖為敵人，更是朋友」的戰爭佳話。

陸機十四歲的時候，父親陸抗不幸病逝，陸家雖然不再有昔日的烈火烹油、鮮花著錦的氣派，但仍然是名門望族、士族大家。陸機依舊過著吟風弄月的貴公子生活。

四年之後，「千尋鐵鎖沉江底，一片降幡出石頭」，陸機的祖國東吳被北方的晉國滅亡，他便與小他一歲的弟弟陸雲回到故鄉吳縣，就是現在的蘇州，隱居起來，而且這一隱就是十年。

十年間，陸機兄弟閉門讀書，好學不倦，學問越來越大，名氣越來越響，但同時祖輩留下的財富在一大家子人的吃穿用度之下，日漸捉襟見肘，入不敷出，最終，他們兄弟二人被迫走上赴京求官的這條人生路。

晉武帝太康十年（西元二八九年），陸機、陸雲在京城洛陽拜訪了時任太常的著名學者張華。張華非常看重陸氏兄弟，自豪地對文人朋友說：「伐吳之役，利獲二俊。」這句話使得二陸名氣大振，一下子就壓倒了已經成名的張載三兄弟，於是，人們就開玩笑地說「二陸入洛，三張減價」為文壇佳話。

遺憾的是，佳話在京城傳開時，悲劇的大幕也悄然開啟。

格外欣賞陸機的張華雖然是文壇領袖，但當時在政治上已經沒有太大勢力了，任職的官位也是有名無權，而且張華為官廉正，兩袖清風，所以既沒有辦法為陸機介紹官位，也無財力幫助陸機。無奈之下，為稻粱謀的陸機不得不投奔如日中天、權勢正盛的小國舅爺賈謐。

賈謐身邊聚集了一批文人學士，歷史上稱為「二十四友」，除了陸機、陸雲兄弟之外，還有以悼亡詩聞名的美男子潘嶽，《三都賦》的作者——「洛陽紙貴」的醜男左思，空前絕後的大富豪石崇，曾經和祖逖一起聞雞起舞的劉琨等人。

後來，賈謐因為與姨母賈后一起合謀陷害太子被趙王司馬倫殺死，二十四友便風流雲散，各奔前程了。

趙王司馬倫就是歷史上有名的「八王之亂」當中的一個王，他的老爹不是旁人，正是大名鼎鼎的司馬懿。第二年三月，齊王司馬冏聯合成都王司馬穎、河間王司馬顒、長沙王司馬乂起兵反對趙王司馬倫，結果司馬倫兵敗身死，朝政大權落入齊王司馬冏手中。

不久，河間王司馬顒和長沙王司馬乂聯手做掉了齊王冏，然後兩個人又因分贓不均打了起來，於是，成都王司馬穎又被拉了進來，和河間王司馬顒一起對付長沙王司馬乂。

這個時期，陸機正在司馬穎手下擔任平原內史。

雖然成都王司馬穎是個和八王之亂中的其他王一樣的大混蛋，卻也知道陸機的爺爺和老爸都是特別能打的主兒，於是，就把大獲全勝的寶押在陸機身上，而且把出征儀式搞得相當隆重熱烈，那真是鑼鼓喧天，鞭炮齊鳴。《晉書》是這樣記載的：「列軍自朝歌至於河橋，鼓聲聞數百里，漢魏以來，出師之盛，未嘗有也。」

陸機被成都王司馬穎任命為後將軍，河北大都督，手下有二十多萬人馬供他指揮，但陸機並沒有志得意滿，神采飛揚，不可一世的感覺，因為他知道他們老陸家早已經棄武從文，不做將軍好多年了。

古人曰：「食君之祿，忠君之事。」又道是：「端人家碗受人家管。」儘管陸機一點必勝的把握也沒有，也只得硬著頭皮率領大隊人馬南下迎敵。結果，陸機的軍隊在鹿苑被長沙王司馬乂手下的兵將打得暈頭轉向，損兵折將，大敗而回。

孤注一擲的賭徒成都王司馬穎一看陸機不但沒能「鞭敲金鐙響，齊奏凱歌還」，還把他的賭本折得七零八落，一地雞毛，心中那莫大的期待瞬間變成熊熊怒火。這時，和陸機素有積怨的宦官孟玖趁機落井下石，火上澆油，向司馬穎進讒言，說陸機背主通敵，愚蠢而暴虐的成都王司馬穎聞聽此言，剎那間成了烈焰滾滾的汽油桶。

最終，陸機以通敵罪被成都王司馬穎殺害，更慘烈的是，陸家被夷滅三族，他的兩個兒子陸蔚、陸夏，兩個弟弟陸雲、陸耽同時遇害。

陸機臨刑前，又一次想起兩千里外的江南。他魂牽夢縈，憂思難忘的故鄉，想起了秋日晴空上輕盈飛過的鶴影，想起了那時而歡快，時而憂傷，時而激動，時而淒清的鶴鳴，不由無限悔恨，痛徹心扉地感歎道：「華亭鶴唳，豈可復聞乎！」

絕代才子，於此絕矣……。

古人有趣的別名

因為陸機曾任平原內史，所以人稱「陸平原」，後世還有很多這樣的別名美稱。比如，王右軍——王羲之、陶彭澤——陶淵明、庾開府——庾信、賀祕監——賀知章、李翰林——李白、杜工部——杜甫、王右丞——王維、高常侍——高適、岑嘉州——岑參、韋蘇州——韋應物、柳柳州——柳宗元、劉賓客——劉禹錫。

第三章

三國事

這些八卦你可能一無所知

一部《三國演義》仨曹節

如果說一部三國史有三個名為曹節的人物，您可能會覺得有點天方夜譚。然而，事實的確如此。

先說說《三國演義》中的第一個曹節。

《三國演義》中第一個曹節

這個曹節是個大宦官，在第一回便已出現。那時是光和元年（西元一七八年），他在漢靈帝的朝堂上現身是沒有問題的。但是，在第三回中，時間已經到了西元一八九年，這個曹節還在皇宮裡，這就和歷史不相符，甚至是活見鬼了。因為據歷史記載，曹節早在西元一八一年就死翹翹了，他無論如何是不可能在一八九年董卓進京之前和張讓等人劫持漢少帝與陳留王的。

但曹節確實如《三國演義》所寫，是個罪大惡極、劣跡斑斑的傢伙。他曾劫持竇太后、漢靈帝，矯詔殺害意圖剷除宦官的國丈竇武、太傅陳蕃；不久又興第二次黨錮之禍，與宦官侯覽收捕李膺、杜密等百餘名黨人下獄處死，並且流徙、囚禁他們的親朋故舊達五六百人，幾乎使天下正人端士為之一空。曹節在殘害忠良的同時，把他家中的父兄子弟，身邊的貓貓狗狗都推上了官位。從中央的公卿到地方的刺史、太守、縣令，每個級別的官員都有很多是他的嫡系。這些靠著曹節而升天的「雞犬」個個橫行霸道，魚肉百姓，其中又以他的親兄弟越騎校尉曹破石最為荒淫暴虐。

第二個曹節何許人

《三國演義》中的第二個曹節乃是一個女性，而且是一個非比尋常的女性，既是當朝皇后，又是宰相千金，可謂要風得風，要雨得雨，然而，她的不幸和痛苦也不比別人少。

曹節的老爸不是別人，正是人稱「奸雄」的曹操，她的老公正是曹操掌中的傀儡皇帝漢獻帝。曹節最美好的青春歲月，是在這對特別翁婿之間的政治縫隙中掙扎度過的。

西元二一三年，曹操做了一件不尋常的事。他一下子把三個親生女兒——曹憲、曹節、曹華都獻給漢獻帝。曹節當時十八歲，年齡正好居中。俗話說：「皇帝的女兒不愁嫁」，曹節則是「丞相的女兒不愁封」，她一入宮就是夫人，第二年又升為貴人，就在這一年，伏皇后為了除掉曹操而給父親寫的密信被人發現，結果處以幽閉之刑。於是，曹節更是一步登天，成了一人之下萬人之上的皇后，只不過，她之上的這個人並不是漢獻帝，而是她的老爸曹操。

雖然漢獻帝在皇后曹節面前言行謹慎，不敢造次，但曹節並沒有仗著老爸的勢力對獻帝頤指氣使，而是真誠相待，情義相挺。慢慢地，她用自己的愛溫暖了漢獻帝那顆冰冷的心，夫妻倆終於相親相近，琴瑟和諧了。

然而，一場政治颶風旋即降臨——她的哥哥曹丕強迫漢獻帝禪讓帝位，企圖代漢建魏。曹節怒不可遏卻無可奈何，只有緊握玉璽不放，以此來保全大漢皇家的尊嚴。曹丕的使者來過幾次之後，曹節知道如果自己再執意不肯交出玉璽，漢獻帝的安全就難以保障了。此時，曹節表現出女中豪傑的一面，她含淚起身，憤怒地把玉璽擲到臺階之下，厲聲斥道：「蒼天有眼，決不讓你長久！」

被逼退位的漢獻帝被封為山陽公，遷居雲臺山下的山陽城（今河南省焦作市），而曹節卻被曹丕留在京都洛陽。曹節不願與丈夫分離，甘心和丈夫一起受難吃苦，幾經抗爭後終於來到了漢獻帝身邊。曹節輔助獻帝在山陽與民休息，減賦免稅，行醫救民，興辦學館。在歷史上，特別是河南歷史上，寫下了濃墨重彩，百世流芳的一筆紀錄。

第三個曹節地位高

第三個曹節不見於《三國演義》，但與三國故事有著密不可分的關係，他不是別人，正是曹操的曾祖父，也就是俗話說的太爺爺。

關於這個曹節的歷史資料非常有限，其中的小故事「認豬不爭」卻很值得一提。

話說有一天，曹節的一個鄉鄰丟了一頭大肥豬，他發現曹節家裡有一頭豬和他家走丟的那一頭一模一樣，於是便上門索要。曹節笑呵呵地什麼都沒說，就讓他把豬抓走了。幾天後，那個鄉鄰家走失的豬自個兒回家了，這才知道自己冤枉了曹節。此事過後，曹節的寬宏大量在譙縣（今安徽省亳州市）一時傳為美談。

行文至此，有一個問題浮出水面——既然曹操的曾祖名叫曹節，按理說他不應該給自己的女兒取名為曹節呀！如此行事，乃對先人大不敬之舉，在當時應該是個非常嚴重的問題。向來主張「不得慕虛名而處實禍」的曹操為什麼會選擇這樣做？是想標新立異，以示與眾不同？還是一時疏忽，以至「數典忘祖」了呢？期待相關研究者在不久的將來能夠為人們解開這個細瑣卻甚有趣的歷史之謎。

這些座次排位，你知道嗎？

舊說周代有公、侯、伯、子、男五種爵位，爵即爵位、爵號，是古代皇帝對皇親貴戚及功臣的封賜，後代爵稱和爵位制度往往因時而異。如漢初劉邦既封皇子為王，又封了七位功臣為王，韓信被封為楚王，彭越為梁王，英布為淮南王等；魏曹植曾被封為陳王，漢獻帝退位後被封為山陽公；唐代郭子儀被封為汾陽郡王。再如宋代寇準被封為萊國公，王安石為荊國公，司馬光為溫國公；明代李善長被封為韓國公，李文忠封曹國公，劉基封誠意伯，王陽明封新建伯；清代曾國藩被封為一等毅勇侯，左宗棠封二等恪靖侯，李鴻章封一等肅毅伯。

劉備不是你想像的那麼窩囊

說起三國時期的蜀漢昭烈帝劉備，人們就會想到「劉皇叔的江山——哭來的」、「劉備摔孩子——收買人心」這些諺語，於是在大家的印象中，劉備成了一個只會一把鼻涕一把眼淚，與人拉關係的窩囊廢，這一切都應該「歸功」於《三國演義》一書對於劉備哭哭啼啼的描寫。

在此梳理一下《三國演義》中，劉皇叔的流淚史。

劉備第一次流淚是在與趙雲初逢又分手時。二人「一見鍾情」，相見恨晚，惺惺相惜，分別時「執手垂淚，不忍相離」。

劉備第二次的淚仍然是為趙雲而流，那是在徐州圍解之後。當時「陶謙勞軍已畢，趙雲辭去，玄德執手揮淚而別」。

第三次流淚在「斬蔡陽兄弟釋疑，會古城主臣聚義」一回，地點是關定莊內，當時，劉備和關羽劫後重逢，關羽「迎門接拜，執手啼哭不已」，劉備肯定也流了眼淚，否則關羽掛印封金，「過五關斬六將」就太不值了。

劉備真正過了一把大哭的癮，是在得知徐母被囚，徐庶要離開時，他先是「聞言大哭」，而後又與徐庶「相對而泣，坐以待旦」。等到徐庶離開時，劉備「淚如雨下，凝淚而望」，以至於發出了這樣的感慨——「吾欲盡伐此處樹木，因阻吾望徐元直之目也。」

劉備的再次流淚，是與比徐庶更厲害的人才，也就是和大名鼎鼎的諸葛亮有關了。當時，諸葛亮「猶抱琵琶半遮面」，假裝不肯出山，試探劉備之心。劉備失望之下，淚沾袍袖，衣襟盡濕。

劉皇叔下一次流淚，是為了追隨他渡江南下的新野、樊城百姓而哭的。正是「臨難仁心存百姓，登舟揮淚動三軍。至今憑弔襄江口，父老猶然憶使君」。

此後，趙子龍單騎救主，血戰而歸，劉備有哭；吳國太佛寺看新郎，孫權暗伏殺手，劉備有哭；公子劉琦英年早逝，劉備有哭；魯肅過江三討荊州，劉備有哭；荊州城宴請張松，劉備有哭；落鳳坡龐統殞命，劉備有哭。

劉備最有特色的一場哭戲，發生在他鳩占鵲巢奪了劉璋的益州時。劉璋出城投降，劉備出寨迎接，下邊握手，上邊流淚，說是「非吾不行仁義，乃勢不得已也。」

再往後，關羽兵敗被殺，張飛不幸遇害，劉先主自己被陸遜火燒連營八百里，在白帝城臨終托孤，自然都少不了劉備流淚的戲份，而且絕對是淚流不止、淚如雨下、淚如湧泉的大慟。

以上這些淚水，有的順理成章，理所當然，有的卻著實多餘，顯得劉備太過脆弱甚至軟弱，以至於給人留下窩囊的印象。

但實際上，劉備並不像書中所寫的那麼窩囊，關於這個人物，羅貫中先生在很大程度上唬弄了大家。

劉備的江山帝業也並非像書中所寫，主要是靠別人的智慧和能力得來的。羅貫中在《三國演義》中，把劉備的四宗光輝事蹟安排到了別人的身上，用現在的話說，就是劉備「被張冠李戴」了。

喜歡《三國演義》的人，都知道張飛鞭打督郵的故事。其實，在歷史上這個故事的主人公是劉備，而非張飛。

據《三國志．先主傳》記載：

先主率其屬從校尉鄒靖討黃巾賊有功，除安喜尉。督郵以公事到縣，先主求謁，不通，直入縛督郵，杖二百，解綬繫其頸著馬枊，棄官亡命。

這段話是說：劉備討黃巾有功，官拜安喜縣尉。督郵因公事到縣，劉備去拜謁，門下不給通報，劉備直闖而入，捆綁了督郵，用棍棒打了二百下，解下印綬，掛在督郵的脖子上，並把他綁在拴馬樁子上，棄官逃亡而去。

從這段資料來看，劉備頗有不為五斗米折腰的氣概，兩百年後的陶淵明是否受他的影響也未可知。

《三國演義》第二十一回為膾炙人口的「曹操煮酒論英雄，關羽賺城斬車冑」，後世尊崇的武聖人關雲長在此又風光了一回，可惜這不是歷史事實，而是羅貫中移花接木後的虛構。《三國志》中關於車冑之死是這樣記載的：

（曹操）置車騎將軍、徐州刺史。太祖滅呂布，後任冑為車騎將軍、徐州刺史。建安五年，左將軍劉備殺冑，據沛以背太祖。

在《三國演義》中，斬蔡陽是關羽的英勇事蹟之一，連京劇《龍鳳呈祥》裡的橋國老在誇讚關羽時也曾唱道：「他（指劉備）有個二弟漢壽亭侯，青龍偃月鬼神皆愁，白馬坡斬顏良，延津誅文醜，在古城砍下了老蔡陽的頭」。但是，在真實的歷史上，蔡陽是死於劉備之手。《三國志．先主傳》的相關記述如下：

（袁）紹遣先主將本兵復至汝南，與賊龔都等合，眾數千人。曹公遣蔡陽擊之，為先主所殺。

俗語「新官上任三把火」來自諸葛亮的三次火攻之計——火燒博望坡、火燒新野、火燒赤壁。《三國演義》對這三把火都有非常精彩的描寫。令人驚訝而遺憾的是，歷史上的火燒博望坡也是是劉備的傑作，和諸葛亮無關。另外需要說明的是，劉備並不是火燒敵軍，而是自燒營屯，假敗引曹兵進入伏擊圈。如若不信，請見《三國志・先主傳》的記載：

（劉表）使拒夏侯惇、于禁等於博望。久之，先主設伏兵，一旦燒屯偽遁，惇等追之，為伏兵所破。

《三國志・李典傳》也有關於此事的記載：

劉表使劉備北侵，至葉，太祖（曹操）遣（典）從夏侯惇拒之。備一旦燒屯去，率諸軍追擊之。典曰：「賊無故退，疑必有伏。南道狹窄，草木深，不可追也。」不聽，與于禁追之，典留守。惇等果入賊伏裡，戰不利，典往救，備望見救至，乃散退。

由此可見，劉備並不像《三國演義》描寫的那樣只是一個以忠厚仁義見長，等著坐收漁利，好像有些窩囊的皇帝，而是一個有膽識、有謀略，該出手時就出手的政治家、軍事家。

劉備就是這樣打督郵的

劉備率兵跟隨校尉鄒靖征討黃巾有功，官拜安喜縣尉。督郵來縣裡視察時，劉備前去登門拜見，門下卻說督郵有事不見客。劉備很生氣，他直闖而入捆了督郵，用棍棒打了二百下方才解恨，接著劉備就解下印綬，掛在督郵脖子上，並把督郵和拴馬樁綁在一起，然後棄官逃亡而去。

拍馬屁也會要人命

大家都知道，曹操的勢力是憑藉「挾天子以令諸侯」的政治策略而發展起來的，其實，作為曹操主要對手之一的袁紹接觸這個理念的時間更早，但是他沒有把握住上天賜予的寶貴機會。

曹操身邊有五大謀士，分別是荀彧、郭嘉、賈詡、程昱、荀攸。袁紹帳中亦有為數不少的智囊型人物，比如田豐、沮授、審配、許攸、郭圖、逢紀等等，其中的沮授是三國群英中提出「挾天子以令諸侯」策略的第一人。

興平二年（西元一九五年），漢獻帝在河東各地輾轉流亡之際，沮授建議袁紹把獻帝迎到袁氏控制的鄴城，以「奉天子之名，行令諸侯之實」。袁紹聽了之後也動了心。這時，袁紹的老夥計，名將淳于瓊站出來表達了看法，他認為漢室難以復興，而且皇帝來了反而會削弱袁紹集團的權力，袁紹按照自己的想法權衡利弊之後，選擇放棄了漢獻帝這張王牌。

曹操在西元一九六年迎漢獻帝至許都後，眨眼間華麗轉身，從割據一方的小諸侯變成了一人之下，千萬人之上的曹丞相，而且有事沒事就向袁紹發號施令。袁紹的勢力在當時遠遠勝於曹操，他怎麼可能咽得下這口氣？於是他派人告訴曹操，許都低窪潮濕，應當將都城遷到鄄城，以便靠近糧食豐足之地，實際上他是想把都城遷到離自己的鄴城較近，比較便於控制的地方，但曹操根本不給他面子，不僅一口回絕，還以皇帝的名義下詔書，責備他兵多將廣卻不肯勤王，專樹私黨且屢起戰端。袁紹明知皇帝聖旨所言都是曹操的意思，卻也無可奈何。

不久，曹操發兵征討割據南陽的張繡，許都一時空虛，變得有機可乘。田豐審時度勢，向袁紹獻上了他的殺手鐧——「遷都之計既已不能實現，應該盡早奪取許都，奉迎天子，那時我們也可以詔書為名，號令四海，這才是上策。」但袁紹此時已經坐擁冀州、青州、幽州、並州的廣大土地，心態也隨著地盤的擴大發生了巨大的變化——他不再滿足於當獨霸一方的諸侯。「皇帝夢」在他的內心深處蠢蠢欲動，他的反應完全出乎田豐的預料，他稍作猶豫之後，堅定拒絕了襲取許都這一錦囊妙計。但他意欲稱帝的野心，也逐漸顯露出來。

之前袁紹經常會派人到許都向漢獻帝進貢以表忠心，有了想當皇帝癮的念頭後，他進貢的次數越來越少了。就在這時，他收到一封來自淮南的「不速之信」。信是他同父異母的兄弟，占據淮南一帶的袁術寫來的。

袁術雖然和袁紹是同一個老爸的親兄弟，但前者名門正娶的老婆生的嫡子，後者是小老婆生的庶子，就像《紅樓夢》中的賈寶玉和賈環一樣。所以，袁術一直看不起袁紹，幾乎從不與其來往。儘管袁紹、袁術二人「道不同，不相為謀」，可在稱孤道寡，給老袁家「光宗耀祖」上的心思卻出奇一致，而作為嫡子的袁術在這件事上動得更早，走得更遠。

西元一九七年，袁術「幸運」地從孫策手中獲得了秦始皇當年御用的傳國玉璽，於是想當然耳的認為自己是真命天子，於是就在比彈丸之地略大的淮南面南背北地當起皇帝了，還給自己搞了個國號叫「仲氏」。袁術在淮南折騰了兩年，把那兒弄得民生凋敝，餓殍遍野，自己搞得屢遭敗績，眾叛親離，最後陷入想喝點蜜水都不可得的窘境。袁術在嘔血而死之前，想起了可以繼承他「遺志」同父異母的哥哥袁紹，這才有了前面的那封「不速之信」。

袁術在信中說了些什麼呢？他竟然一改過去對袁紹的不屑和鄙視，把他眼裡的「小老婆生的兒子」捧上了天，他讚美袁紹坐擁四州，民戶百萬，實力超強，德行高尚，然後表示願意以帝號相讓。袁紹見了袁術的來信，登基稱帝的想法越發堅定，就找了個機會暗示主簿耿苞，為自己當皇帝尋找符命、祥瑞方面的證據。

耿苞一見未來的袁皇帝把這麼重大的任務暗示給了自己，激動地幾天沒有吃好飯，幾夜沒有睡好覺，一邊夢想著自己將來的飛黃騰達，一邊打定心思要狠命地拍一把馬屁，一邊忘我地投入尋找符瑞的活動。經過一番殫精竭慮，搜腸刮肚的搜尋之後，耿苞「發現」袁氏家族是軒轅黃帝的後代，這一下子大大抬高了袁紹的地位。耿苞還有進一步的發現——按照五行理論，黃帝代表土德，漢朝皇帝代表火德，而土德正好是火德的剋星，所以，漢朝衰敗之際，正是作為黃帝後裔的袁氏家族崛起並取而代之的時候。

當耿苞把他的「袁氏稱帝理論」彙報給袁紹的時候，袁紹在超級馬屁的薰陶下，感覺像騰了雲、駕了霧一樣，簡直要美上天了。於是，他懷揣著蠢蠢欲動的心，迫不及待地把耿苞的重大發現，公開於幕僚之間。袁紹原本期待幕僚屬下們聞聽此言，馬上會齊刷刷地拜倒在他面前，高呼萬歲，但結果卻完全出乎他的意料，他們不僅沒有異口同聲地擁戴袁紹稱帝，而且還痛斥耿苞妖言惑眾、混淆視聽，應當殺頭以儆效尤。

袁紹一看自己的稱帝企圖犯了眾怒，趕忙自己找台階下，把一切責任都推到耿苞的身上。於是，超級倒楣的耿苞就被不容分說地推出去砍了腦袋。這正是：「拍馬有風險，伸手須謹慎」，後世之人有此好者，不妨從這樁拍馬屁引起的命案中，記取血的教訓。

馬屁高手諸葛恪

諸葛恪是諸葛瑾的兒子、諸葛亮的侄子，從小就是個神童，長大後拍起馬屁來竟然也是一把好手。

一次，孫權問諸葛恪：「你爹和你叔父（指諸葛亮）誰比較厲害？」

諸葛恪想都沒想，應聲回答：「我爹。」

孫權納悶問說：「你叔父在蜀漢官居總理，文治武功無人可比，你爹就是東吳一個普通部長級官員，你憑啥說你爹厲害？」

諸葛恪神祕地一笑，答道：「因為我爹知道該跟著哪個主子比較好呀！」

三國名將中的吝嗇鬼

提起三國名將，各位應該會想到蜀國的關羽、張飛、趙雲、馬超、黃忠、魏延；吳國的周瑜、呂蒙、陸遜、甘寧、太史慈；魏國的夏侯惇、夏侯淵、曹洪、曹仁、張遼、徐晃、許褚等等。

如果說三國名將之中有一個超級吝嗇鬼，而且就藏身在上面列舉的名單裡。各位聽了會不會感到難以置信呢？不管你信不信，這件事確實屬實，而且這個超級吝嗇鬼就是曹洪。

對於曹洪的英雄事蹟，喜歡《三國演義》的朋友肯定不陌生，例如捨命獻馬救曹操，橫刀立馬拒張飛、馬超等等，但要說起他因為吝嗇差點丟了腦袋的經歷，其間的風起雲湧，雲譎波詭可是絲毫不亞於生死攸關的戰場上的那些事兒。

最吝嗇的人往往是最豪富之人，作為名將的曹洪在這一點上，也是毫不例外。

咱們先來看看曹洪有多麼「土豪」。

曹洪捨命獻馬救曹操的故事「三國粉」肯定耳熟能詳，但說起這匹馬的底細，清楚的人恐怕就不多了。這匹馬可不是一般的坐騎，乃是名為「白鵠」的一代神馬。據說此馬奔跑之時，馬上之人只能察覺到耳邊有風，根本聽不到馬蹄觸地的聲音。當日曹洪護衛曹操到達汴河岸邊，曹操見有水擋路，就讓曹洪騎上白鵠共同渡河。當他們到達對岸時，竟然發現白鵠的蹄子上的毛竟然一點也沒有濕，這簡直是傳說中的「御風而行」。

關於這匹價值千金的神馬，還有一個諺語叫做「憑空虛躍，曹家白鵠」，要知道，這個「曹家」可不是曹操家，而是曹洪家。

曹洪之豪富還有一個證據。當年曹操擔任司空時，每年都安排縣令對當地官員的家庭財產進行評估。譙縣縣令發現曹洪的財產竟然達到了和公侯之家相當的水準，曹操得知此事之後，慨然長歎曰：「我家貲那得如子廉耶！」

曹洪的豪富不同一般，吝嗇起來卻又敢在太子頭上動土。

魏文帝曹丕當太子時，有一段日子急需大量資金，於是就想起家貲豪富的曹洪。雖然曹丕對曹洪的摳門吝嗇早有耳聞，但他覺得曹洪應該不會駁他的面子，畢竟他是一人之下萬人之上的太子呀！可是隨後的事實打了太子曹丕的臉——曹洪婉言拒絕了。曹丕氣得把牙齦都要咬出血了，心底暗暗發誓將來必報此仇。

黃初七年（西元二二六年），曹丕等了十幾年的機會終於來了。

這一年中，曹洪的門客驕縱不法犯下重罪，曹丕嚴令追查曹洪的縱容包庇之罪，負責偵辦此案的官員領會了皇帝的意思，將曹洪判了死罪，打入深牢大獄。元老重臣們聽說老將曹洪面臨死刑，紛紛前去求情，曹丕一概不准。

這時，決定曹洪命運的另一個人物——卞太后出場了。卞太后深知曹洪雖然吝嗇，卻對曹操一片忠心，而且曾經救過曹操的命，所以一方面努力說服曹丕，一方面藉著訓斥兒媳婦郭皇后，給曹丕顏色看。

在曹丕這兒，卞太后坦率直言：「梁、沛之間，非子廉無有今日。」在郭皇后那兒，卞太后語帶威脅說：「假如曹洪今天死，明天我就讓皇帝廢了妳。」卞太后雙管齊下，成功地把曹洪從斷頭臺上救了下來。

但是，死罪可免，活罪難逃，名將曹洪最終被皇帝曹丕廢為庶人，官位、爵號、封邑等都被剝奪了，面對這樣的結局，不知曹洪是否後悔當初不該那麼吝嗇。

三國最有名的太后

卞太后（西元一五九年—二三〇年），琅琊開陽（今山東臨沂）人，原為倡家（漢代專門從事音樂歌舞的樂人），後成為曹操的妾室，稱卞夫人。建安初年（一九六年），原配丁夫人被廢，卞夫人成為曹操的正妻。

卞夫人生有四個兒子，分別是曹丕、曹彰、曹植和曹熊。曹丕稱帝之後尊其為皇太后，曹叡繼位後尊其為太皇太后。卞太后在太和四年（二三〇年）去世，與魏武帝曹操合葬高陵。

《隆中對》也不完全「對」

唐代大詩人杜甫詩云：

丞相祠堂何處尋，
錦官城外柏森森。
映階碧草自春色，
隔葉黃鸝空好音。
三顧頻繁天下計，
兩朝開濟老臣心。
出師未捷身先死，
長使英雄淚滿襟。

諸葛亮早在當年劉備三顧茅廬時就提出心繫天下的《隆中對》，然而，最終還是在第六次北伐出師未捷的情況下抱憾而逝。之所以如此結局，一來是因為彼時的政治軍事形勢已與《隆中對》誕生時大不相同；二來是因為《隆中對》本身就有一個很大的疏漏。

為什麼這麼說呢？咱們還是先從《隆中對》的具體內容說起吧！

初見提出《隆中對》

西元二〇七年，劉備三顧茅廬後終於見到了諸葛亮，就在二人初次會面的時候，諸葛亮提出了彪炳史冊，千古流芳的《隆中對》：

……將軍既帝室之冑，信義著於四海，總攬英雄，思賢如渴，若跨有荊、益，保其岩阻，西和諸戎，南撫夷越，外結好孫權，內修政理；天下有變，則命一上將將荊州之軍以向宛、洛，將軍身率益州之眾出於秦川，百姓孰敢不簞食壺漿以迎將軍者乎？誠如是，則霸業可成，漢室可興矣。

劉備對諸葛亮提出的《隆中對》非常欣賞，「於是與亮情好日密」，諸葛亮在劉備這裡混得如魚得水，以至於惹得關羽、張飛這兩個鐵桿兄弟都不高興了。

君臣二人相見恨晚，魚水相得固然是好事，但遺憾的是，諸葛亮的《隆中對》疏忽了一個重要因素，而劉備也沒有注意到這一點，因此造成了關羽，乃至蜀漢政權的悲劇結局。這個重要因素就是孫權的性格和志向。

在《隆中對》裡，諸葛亮為劉備制定了從荊州、益州兩路出兵北定中原的軍事路線，並且做了「天下有變」的大前提，實際上這個軍事行動應該還有一個同樣重要的前提是：江東孫權按兵不動，坐山觀虎鬥。然而，這似乎只是諸葛亮單方面的想法。事實上孫權不但不肯在劉備兩路北伐時做一個無所事事的旁觀者，他對荊州也一直虎視眈眈，無論如何也不會讓劉備順利得到整個荊湘九郡。孫權對荊州的覬覦，早在劉表逝世時就已經充分表現出來了。

如果說孫權早年攻打江夏、黃祖還有為父復仇的成分，那麼他在殺死黃祖後仍然密切關注荊州就完全出於開拓領土，擴展勢力的想法了。劉表病逝後，孫權派魯肅以弔孝為名，前往襄陽打探荊州集團的軍政資訊，當他得知劉表二子爭位，雙方處於一觸即發的局面時，心裡就有了劍指荊州，一統江南的雄偉計畫。無奈曹操的動作比他更快，在他行動之前已經向荊州派出浩浩蕩蕩的十幾萬大軍，這才有了孫劉聯手，三足鼎立的精彩故事。

東吳版的《隆中對》

諸葛亮在《隆中對》裡把孫權定位為可以聯合的對象，即「此可以為援而不可圖也」。這一點當然是非常正確的，但如果他認為孫劉聯盟是風雨無虞的鐵板，那就大錯特錯了。要知道，即使在聯劉抗曹的「代言人」魯肅擔任東吳大都督的時候，孫劉之間仍然爆發十分激烈的荊州爭奪戰。

西元二一七年，魯肅病逝，孫權對魯肅作出了這樣的最終評價：

子敬來東，致達於孤。孤與宴語，便及大略帝王之業，此一快也。後孟德因獲劉琮之勢，張言方率數十萬眾水步俱下。孤普請諸將，咨問所宜，無適先對，至子布、文表，俱言宜遣使修檄迎之，子敬即駁言不可，勸孤急呼公瑾，付任以眾，逆而擊之，此二快也。且其決計策意，出張蘇遠矣；後雖勸吾借玄德地，是其一短，不足以損失二長也。

這段話充分表明孫權並不滿足於與劉備平分荊州的江南部分，他甚至認為如果沒有按照魯肅的建議借地給劉備，說不定他早就把整個江南都收入囊中了。

魯肅初見孫權時提出的《榻上策》即東吳版的《隆中對》，是深得孫權之心，這說明孫權也有北伐中原一統天下的遠大抱負，他並不滿足於僅僅割據江東，做個東吳之主。實際上，孫權一直在等待機會先拿下荊州，然後北上滅曹一統華夏。

西元二一九年，在劉備奪取漢中的戰役中，老將黃忠斬殺夏侯淵，威震定軍山，遠在荊州的關羽坐不住了，他立功心切，在沒有請示的情況下，悍然發動了襄樊戰役。

遺憾的是，螳螂捕蟬，黃雀在後，如果把被殺的龐德、被俘的于禁比作蟬，關羽就是洋洋得意的螳螂，而呂蒙則是背後插刀的黃雀。在呂蒙白衣渡江，襲取荊州的情況下，被人斷了後路的關二爺不得不上演了敗走麥城，身首異處的悲劇戲碼。其實，早在魯肅逝世甚至更早的時候，諸葛亮就應該意識到在荊州的歸屬上，孫劉之間必定會有一場你爭我奪，你死我活的大戰，但不知為什麼他沒有為此做出充分有效的準備。

按照《隆中對》的設想，諸葛亮和劉備本來是想從南方挺進北方的，失去了荊州，使劉備集團成了心有餘而力不足的獨腳漢，北伐大業的成功因此大打折扣，緊接著劉備又在報仇伐吳中慘遭失敗，含恨而死，這更令北伐大業雪上加霜，前途渺茫。

孫權之叛，荊州之失，劉備之死，讓諸葛亮的《隆中對》在某種意義上成了鏡中花，水中月，成了不可能的任務，這也註定此後諸葛亮的六出祁山、北伐中原只能是以攻為守的無奈之舉。只能是「知其不可為而為之」的悲壯之舉，也正是這種無奈的悲壯，造就了諸葛亮「出師未捷身先死，常使英雄淚滿襟」的偉大形象。

千古傳頌的《隆中對》讓諸葛亮幫助劉備得到了荊州和益州，有了和曹操、孫權相抗衡的實力。但從某種意義上說，《隆中對》的疏漏之處導致了諸葛亮北伐中原、光復漢室的失敗。諸葛亮此生，成也《隆中對》，敗也《隆中對》。

孫權這樣評價魯肅

子敬來東，致達於孤。孤與宴語，便及大略帝王之業，此一快也。後孟德因獲劉琮之勢，張言方率數十萬眾水步俱下。孤普請諸將，咨問所宜，無適先對，至子布、文表，俱言宜遣使修檄迎之，子敬即駁言不可，勸孤急呼公瑾，付任以眾，逆而擊之，此二快也。且其決計策意，出張蘇遠矣；後雖勸吾借玄德地，是其一短，不足以損失二長也。

憶氏白話：

魯肅（魯子敬）東來投奔於我，我設宴為他接風時，他就向我說起帝王之業，這是第一件快事。曹操征服劉琮占有荊州後，揚言要率領幾十萬水陸大軍向江東發起進攻。我向東吳諸將徵求對策，大家都計無所出，而張昭（張子布）、秦松（秦文表）等人都主張遣使修表對曹操稱臣，只有魯肅堅決反對屈服於曹賊，並且勸我緊急召回周瑜付以重任，讓他帶兵逆江而上迎擊曹軍，這是第二件快事。再者，魯肅在出謀劃策、當機決斷上遠超蘇秦、張儀，雖然後來勸我借土地給劉備是他的一個短處，但這掩蓋不住他的兩個長處。

《三國演義》中被「寫死」的人

蔡瑁、張允在《三國演義》是著名的諂佞小人，特別是蔡瑁，這傢伙出身襄陽大族，是典型的富二代。他先是爭權奪利，排擠善良的公子劉琦[13]；還企圖暗害仁義的劉備，後來又在曹操大軍壓境之計貪生怕死，殺害主戰派李珪，把荊州拱手讓給奸賊曹操，而張允則當了他的幫兇。他們的所作所為在「尊劉貶曹」的羅貫中看來已經足以被判死刑，於是，羅先生大筆一揮，把這兩個傢伙在赤壁之戰之前給「寫死」，讓他們提前到閻羅王那兒報到。

可惜歷史其實是不相信因果報應的，史書並沒有「蔡瑁、張允被多疑的曹操錯殺而死」的記載。

13 劉琦是劉表前妻所生，蔡瑁之姐乃劉表後妻。

據史書《襄陽耆舊記》記載，曹操奪取荊州進入襄陽後，親訪蔡瑁，入其私室，呼見其妻子，並說和蔡瑁是故交，曾共見過梁孟星，「今日再相見，實乃幸會」。蔡瑁最後被任命為從事中郎、司馬長水校尉，封漢陽亭侯。

張允是劉表的外甥，蔡瑁的副手，曹軍兵到荊州時，他隨蔡瑁一起投降曹操，其最後結局應該和蔡瑁相似，儘管官職可能會略低一點。

順便再說兩點：第一，因在吳營潛伏而被周瑜殺掉祭旗的蔡瑁族弟蔡中、蔡和不見於歷史記載，應是虛構人物；其二，既然蔡瑁是劉表後妻蔡氏的兄弟，而蔡氏是諸葛亮妻子黃氏的姨媽，那麼，蔡瑁應該是諸葛亮的妻舅。

《三國演義》中的劉琮絕對是個悲劇人物，而他的人生悲劇絕大多數是他那糊塗膽小的老媽蔡氏和貪生怕死的娘舅蔡瑁造成的。

三國人物間存在不少的親戚關係，比如在李傕、郭汜攻入長安時遇到的城門校尉崔烈和諸葛亮的好友崔州平是父子關係；殺死何苗的何進部將吳匡是劉備手下大將吳懿的父親，也就是劉備的老丈人，因為劉備入川後娶了吳懿的妹妹。諸葛亮和劉琮之間也有親戚關係，具體說就是劉琮的母親蔡氏是諸葛亮的妻子黃阿醜的姨媽。

劉琮是荊州牧劉表的第二個妻子所生，母子都甚得劉表寵愛。在荊州頗有勢力的蔡氏一族欲立劉琮為主，在劉表病重之時斷絕其長子劉琦與劉表的往來，於是劉琮在劉表死後順利繼承官爵成為荊州牧。

《三國演義》中，曹操大軍南下之時，劉表舊臣傅巽、蒯越、王粲等人紛紛勸劉琮降曹，最終劉琮在蔡瑁等人主持之下舉荊州而降。曹操封劉琮為青州刺史，將劉琮與其母蔡夫人遣送青州，暗中卻命令于禁於半途截殺，結果母子二人身首異處。

歷史上的劉琮比《三國演義》中的劉琮幸運。他的最後結局是「太祖（指曹操）以琮為青州刺史，封列侯」（見《三國志．魏書六》），既然治史嚴謹的陳壽沒寫劉琮被殺之事，那麼他後來應該是和三國時的其他亡國之主（例如西川劉璋、漢中張魯、漢獻帝、後主劉禪、吳主孫皓）一樣，以平靜的方式離世了。

顯而易見，羅貫中虛構劉琮母子在投降後仍然被殺，是為了塑造曹操的「奸絕」形象而產生的情節。

袁術之死

西元一九七年，狂妄至極的袁術在淮南稱帝，一時之間成為眾矢之的，四面受敵，眾叛親離。在曹操、呂布、孫策、劉備等人的打擊下，走投無路的袁術帶領殘兵敗將退到江亭。當時正值六月酷暑，一貫養尊處優的袁術兵敗之際依然不忘享受，非要喝蜜水解渴，可是「軍中僅有麥屑三十斛」，哪有蜂蜜可覓。袁術見狀，先是歎息良久，然後大叫一聲：「袁術怎麼會到這個地步！」最後吐血而死。

漢獻帝後代在日本的傳奇人生

徐福東渡日本的故事在中日兩國眾所周知，膾炙人口，然而畢竟雲山霧罩，撲朔迷離，缺乏充分的史料證明。但是四百多年後，徐福第二——劉阿知東渡日本躲避戰亂的故事，卻是真真實實發生過的事。

乘風破浪，遷徙他鄉

事情還得從大家熟悉的三國時代談起。

話說西元二二〇年，曹操之子曹丕代漢自立，三國之魏國誕生，而原先的名義皇帝漢獻帝劉協則被封為山陽公，全家從許昌遷到封地山陽居住。漢獻帝劉協的後裔主要分為兩支，一支後裔留守山陽延續至今，現在位於山陽故城內的牆南村，還有一條當地人稱為「劉巷」的街道；另一支後裔則選擇了萬里迢迢、乘風破浪的遷徙之路。

據日本史書《日本書記》、《古語拾遺》、《續日本紀》記載，漢獻帝的玄孫，第四任山陽公劉秋及其同輩劉阿知時期，執掌政權的已經是篡魏自立的西晉王朝。一日，頗有遠見的劉阿知對其舊臣說：「我久在此地，恐有覆滅之禍。聽說倭國（即日本）境內較為安定，我決定率家族東渡。」

西元二八九年五月初一，劉阿知率其子劉都賀、舅趙興德及族人劉國鼎、劉濤子、劉鶴明、劉信子等男女共二〇四〇人效法徐福，以求取仙丹為名，離開故土，乘船東渡，中日歷史便在此共同翻開了嶄新的一頁。

徐福第二的劉阿知率領親戚族人一路上歷盡艱難、九死一生，四個多月後，終於在九月初五到達現在的日本。在日本，這一年是應神天皇二十年。

渡來人的貢獻

落戶日本後，劉阿知為首的這個部族被稱作「渡來人」。他們是一批掌握了漢民族先進文化的「高級知識份子」，主要從事文字工作和工藝製造。儘管他們是外來人，但漢朝在當時日本人心目中有著極高的地位，而且他們帶來了中國的先進生產技術和文化知識，促進了日本文明的發展。因此，他們旋即成為日本社會中地位頗高的新貴族。劉阿知被天皇賜姓東漢使主，定居於高市郡檜前村（今日本奈良縣檜前村），他的長子劉都賀後來被天皇賜姓為「直」。

日本史學家阪本太郎所著《日本史概說》一書這樣評價來自中國大陸的「渡來人」：

劉阿知一族及其後裔傳入日本的漢文化，無論在精神，還是在物質方面，都為日本文化帶來劃時代的影響力。在精神文化方面，漢字、漢籍以及儒教和佛教的傳入，決定了後來日本文化的性質。在物質文化方面，水利、灌溉、養蠶等農業技術，建築、雕刻、織布、冶金、制陶等各種工藝技術及其製品，都為當地人生活水準的提升帶來了卓著的貢獻。

劉阿知的兒子劉都賀將當時中國的紡織技術傳入日本，他因此被稱為都賀王。

仁德天皇六〇年（西元三七二年）四月初八，劉阿知的後裔被賜姓「阪上」，雄略天皇十六年（西元四七一年）十月初一，劉阿知的部分後裔又被賜姓「大藏」。另外，內藏家族也是劉阿知的後裔。

阪上家族中，出過「征夷大將軍阪上田村麻呂」，當時主要負責朝廷軍事，後裔有阪上、丹波等諸姓。大藏家族負責朝廷財政，成為日本大藏省（現財務省）名稱來源。後裔有原田、秋月、高橋、波多江、江上等諸家姓氏。其中原田、秋月、高橋家族曾為城主（相當於中國古代的小諸侯）。內藏家族負責朝廷內事務，成為內務省名稱來源。日本大名鼎鼎的丹波氏家族掌控日本皇家醫藥機構達千年之久，成為壟斷日本醫學最高地位的大家族，至今仍為後人景仰。其中丹波元簡曾在一本書的序言，明確宣稱自己是漢獻帝劉協的後裔，漢名劉蒧庭。

到日本朱雀天皇時代（西元九三〇～九四六年），劉阿知後裔、漢高祖劉邦的第四十五代孫大藏春實官任征西將軍，為平定當時日本發生的「天慶之亂」立下了汗馬功勞，並於天慶三年（西元九四〇年）五月初三受到天皇的嘉獎和賞賜，被賞賜錦御旗、皇族紋章、軍配。當此之時，這支劉氏皇族後裔「恩寵偉大，威勢極盛」。自從大藏春實之後，大藏家族一直任長門守、太宰大監等顯要職務。

大藏春實因功被封為征西將軍後，曾在日本九州原田築城。日本天承元年（西元一一三一年），一直住在原田的劉氏後裔正式以原田為姓，逐漸形成了現代日本社會中的著名姓氏——原田。到今天，原田家族已傳到劉邦的第九十三代。這支源出中國劉姓的日本原田家族，在九州福岡市建立了漢太公廟。他們至今保存著代代相傳的族譜，並註明自己是劉邦的後裔，而且按照傳統的禮節到太公廟對劉邦等劉姓遠祖進行定期祭祀。

原田家族在日本很受人們尊敬，他們也始終不忘自己的祖先，一九八八年還特意專程從日本來中國為其祖先劉邦、劉徹祭陵。

三國時的日本

日本在成為統一的國家之前，曾經接受我國的兩次冊封。一次是在東漢光武帝時期，一次是在三國魏文帝在位時。

漢末三國相交時期，日本剛剛經歷了以出雲的于投馬與築紫的邪馬台二國為主持續十數年的內部戰亂，邪馬台國後來居上，成為笑到最後的勝利者，並且擴張為當時日本島上最強大的部族。安定了國內的局勢後，邪馬台國國王派遣使臣到中國，請求得到魏文帝曹丕的冊封。具體記載見陳壽的《三國志・魏志・倭人傳》。

在此之後，日本進入「神武東征」時代，開始向島內統一政權的過渡。

一句話救了幾家人——鐘毓

鐘靈毓秀是我們非常熟悉的一個成語，意思是說瑰麗的山川風物可以孕育出傑出的風流人物，有趣的是，這個成語的第一字和第三字組合在一起，恰好是一位古人的名字——鐘毓。

鐘毓似乎不是個耳熟能詳的人物，但提起他的老爸和弟弟，相信很多朋友會有如雷貫耳、恍然大悟之感——他的老爸就是三國時期的曹魏重臣——大書法家鐘繇；他的弟弟當然就是滅蜀之後企圖擁兵自立，最終卻一敗塗地的魏國名將鍾會。

兄弟二人，聲名遠揚

鐘毓和鍾會兄弟可謂曹魏政壇的兩個童星，他們是在文武百官乃至皇帝關注的目光之下長大成人的。

和大多數小孩一樣，鐘毓鍾會兄弟小時候也挺淘氣的，特別是弟弟鍾會。據《世說新語》記載，有一天，他們的父親鐘繇小酌一點藥酒之後，在臥榻上進入了甜美的夢鄉。小兄弟倆看見了父親飲酒時滿足陶醉的神情，就商量好要偷偷地嚐嚐美味的藥酒。然而二人的表現卻頗有不同。鐘毓先恭恭敬敬地行了個禮，然後才開始端起杯子品嚐，而鍾會則是迫不及待地舉起酒杯一飲而盡，這場景都讓被驚動後假裝酣睡的鐘繇收在眼底。當鐘繇問鐘毓為何喝酒前要行禮，鐘毓回答：「酒是用來助成禮儀的，所以不敢不拜。」鐘繇又問鍾會為何不行禮。鍾會回答：「偷喝酒本來就不是一件有禮的事，所以不拜」。

後來，鐘毓鍾會兄弟口才過人的事兒傳到了魏文帝曹丕那裡，於是他們哥倆就被召入宮中面聖，這才有了大家熟悉的鐘毓「戰戰兢兢，汗如雨下」，鍾會「戰戰兢兢，汗不敢出」的精妙故事。

順帶一提，現代認定的鍾會生於西元二二五年，但是從這個小故事可以發現，這個資訊是有問題的。試想，魏文帝曹丕死於二二六年，如果鍾會二二五年出生，即使有哥哥鍾毓的示範性回答：「陛下天威，臣戰戰兢兢，汗如雨下」在先，當時只有一兩歲的鍾會是無法說出「陛下天威，臣戰戰兢兢，汗不敢出」這樣的妙語。

再結合第一個故事中，兄弟倆一起偷飲藥酒的經歷來看，二人之間的年齡差距應該不大，既然鍾毓生於二一〇年左右。之所以這樣推斷，是從鍾毓十四歲為散騎常侍，二二八年因上書諫阻魏明帝親征，升為黃門侍郎而推論出的年代。所以，鍾會可能是生於二一五年前後，而不是二二五年。

雖然只是兩個小故事，卻完美表現出鍾氏兄弟不同的性格特徵——哥哥鍾毓小心謹慎，循規蹈矩；弟弟鍾會膽大過人，能言善辯；二人的人生結局之所以有著天壤之別，恰恰起源於他們大相逕庭的性格，正所謂「性格造就命運」。

鐘毓的軍事才能雖然不如鍾會出色，但他在政治上的高瞻遠矚和先見之明遙遙居於鍾會之上。

先見之明，拯救家族

西元二二八年，諸葛亮一出祁山，曹魏舉國震動，明帝曹睿準備御駕親征，激勵將士破敵，鍾毓諫議皇帝「運籌帷幄之內，決勝於千里之外」，不應輕易置身前沿陣地，以免傷及龍體，動搖國本。鍾毓的一片忠心和深謀遠慮打動了魏明帝，皇帝便將他從散騎侍郎升為了黃門侍郎。

和高瞻遠矚相比，鍾毓的先見之明給人留下的印象更為深刻。話說二五七年，諸葛誕在淮南起兵反對司馬昭，司馬昭召集朝中大臣，商議他是否需要親自前去征討。與會朝臣大多認為吳國剛剛發生內亂，不會派兵援助諸葛誕，因此司馬昭不必親往淮南平亂，但鍾毓卻認為所謂吳國內亂「雷聲大，雨點小」，對吳國造成的影響微不足道，所以吳主肯定會和諸葛誕聯手討伐司馬昭。司馬昭最後採納了鍾毓的建議，率領大軍親征淮南，而其後事態的發展正如鍾毓所料，形勢對司馬昭一方來說極為不利，因為有了鍾毓的先見之明和司馬昭的正確決斷，淮南之亂最終得以順利平定。

鍾毓最厲害的一次先見之明和他弟弟鍾會有關，他的一句話，在當時救下了幾家人的寶貴生命。

身為兄長，鍾毓非常了解小弟鍾會的才能和為人，他知道鍾會文武兼備，雄心勃勃，絕非久居人下之人。當鍾會官職爵位越來越高，對權力的欲望越來越大的時候，處事謹慎的鍾毓也覺得越來越不安。他預感鍾會未來可能會挑戰司馬昭的權威，走上一條不歸路。他當然不願意看到這樣的事情發生，他要盡最大努力避免事態朝這個方向發展。

於是他找了一個合適的機會，悄悄提醒司馬昭：「吾弟才智過人，但恐有不臣之心，不可不防。」

司馬昭聽後哈哈大笑，說：「若果如此，則吾只治鍾會之罪而不累及鍾氏一門。」

鍾毓本來是希望司馬昭不要過於重用鍾會，這樣鍾會就沒有機會擁兵自重，當然也就不會燃起他那和司馬昭分庭抗禮的不臣之心，但是，司馬昭並沒有把鍾毓的善意提醒放在心上，就像諸葛亮當初忽略了劉備「馬謖言過其實，不可大用」的囑咐一樣。然而，歷史證明鍾毓的擔心不是多餘的，正是因了他這份擔心，鍾氏家族後來才得以免去一場滅族之災。

西元二六三年，鍾毓因病在荊州都督任上逝世，長子鍾駿繼承了他的爵位。

第二年，司馬昭發動了伐蜀之戰，鍾會和鄧艾各領一路大軍向蜀國都城成都進軍。雖然鄧艾偷渡陰平，取得先機，進而包圍成都，迫使後主劉禪獻城投降，但卻因為居功自傲而被鍾會等人誣陷為陰謀叛亂，從而落得家破人亡。此後，鍾會兵入成都，成了伐蜀大軍的唯一統帥，野心隨之瘋狂膨脹，意欲在蜀地自立為王，重演三國鼎立的舊事，最終因為消息洩漏而兵敗被殺。

司馬昭當然是個狠角色，卻也是言而有信之人，當他準備把屠刀向鍾氏家族舉起時，耳邊響起鍾毓在世時的提醒和他當初許下的承諾。於是，鍾會的兒子們都遭到誅殺，而鍾毓的幾個兒子都因為父親的那一句話，而保住自己和家人的生命……

鍾會聰明反被聰明誤，名將最終變叛臣。鍾毓一生唯謹慎，一句話救幾家人。

文青的報復

鍾會是濟北公荀勖（荀彧的孫輩）的堂舅（即母親的叔伯兄弟），但兩個人感情不和。荀勖有一把寶劍，價值一百萬，經常放在他母親鍾夫人那裡。鍾會擅長書法，就模仿荀勖筆跡向他母親要來寶劍，不再歸還。荀勖知道是鍾會幹的事，就想了個辦法報復他。

鍾家兄弟斥資千萬建造一所住宅，精美壯觀，舉城皆知。他們正準備搬入時，荀勖偷偷地進入鍾會的新居，充分施展他的繪畫天分和技能，在面對正門的牆上畫了鍾繇的像，衣帽、相貌都和生前一模一樣。鍾毓和鍾會進門看見畫像，大為感傷哀痛，於是那所新住宅就被空置廢棄了。

究竟是誰點醒了周處？

如果我們要為「浪子回頭金不換」這句話找一個代言人，那麼，三國時期的不良青年周處應該當仁不讓地排在第一位。

周處「除三害」的故事記載在南朝文人劉義慶主編的《世說新語》一書。原文是這樣的：

周處年少時，凶強俠氣，為鄉里所患。又義興水中有蛟，山中有邅跡虎，並皆暴犯百姓。義興人謂為「三橫」，而處尤劇。或說處殺虎斬蛟，實冀三橫唯餘其一。處即刺殺虎，又入水擊蛟。蛟或浮或沒，行數十里，處與之俱。經三日三夜，鄉里皆謂已死，更相慶。竟殺蛟而出，聞里人相慶，始知為人情所患，有自改意。乃入吳尋二陸。平原不在，正見清河，具以情告，並云：「欲自修改，而年已蹉跎，終無所成！」清河曰：「古人貴朝聞夕死，況君前途尚可。且人患志之不立，何憂令名不彰邪？」處遂改勵，終為忠臣。

周處殺虎是非常可能的，但殺蛟則是不可信，因為這世上本沒有蛟，和殺蛟一樣不可信的，就是陸清河點醒浪子回頭的周處。

周處生於西元二三六年正值三國中期的，陸清河，即陸雲，則生於三國後期的二六二年，也就是說周處比陸雲足足大了二十六歲。周處「年少時，凶強俠氣，為鄉里所患」，按照常理推斷應該是他三十歲前的經歷，也就是西元二六六年之前發生的事情，那時陸雲即使已經出生，也還在牙牙學語，怎麼可能說出「古人貴朝聞夕死」，「人患志之不立，何憂令名不彰」這樣充滿人生大義的話呢？

那麼，究竟是誰點醒周處呢？

在大家的印象中，周處應該是一個出身卑微的窮二代，但實際情形卻大大相反，他雖然頭腦簡單，卻一點也不窮，而且是個典型的「官二代」，他的老爸就是《三國演義》第九十六回「孔明揮淚斬馬謖，周魴斷發賺曹休」中的吳國名將，鄱陽太守周魴。

周魴生於西元二〇〇年，即官渡之戰發生的那一年，和陸機、陸雲的祖父陸遜，父親陸抗都曾同殿稱臣，具體說周魴比陸遜小十七歲，卻又比陸抗大二十六歲。如果說的確有一位陸姓名人點醒了迷途的周處，那麼應該是陸抗而不是陸遜，因為年少氣盛的周處「有自改意」，求人指點迷津時，應該是在二六〇年左右，此時陸遜已經離世十餘年，而陸抗正是即將不惑，足以為人擔任心靈導師的年齡。

實際上，很可能周處根本不需要心靈導師的指點，因為從《三國志》的「周魴傳」後附的周處小傳看來，周處並沒有做出魚肉鄉里，為非作歹的惡行，真正「凶淫放恣，為百姓所苦」的是他的三兒子周劄，而且周劄為此付出了沉重代價——最終自身被誅，家族被滅。後來，不知為什麼兒子周劄的罪行陰差陽錯地安排到了父親周處的身上，並且以一個正面的結尾代替悲慘結局。如果周處知道後代竟這樣的安排，不知是否會泣血痛斥三兒子種下了「坑爹」惡果，還是會含淚感歎「子不教，父之過」呢？

第四章

三國理

亂世當中，暗藏多少玄機

《三國演義》裡的時間差

劉陶之死的時間差

《三國演義》第二回中，諫議大夫劉陶是在張純、張舉造反起事之後，因為彈劾十常侍禍國殃民而被下獄致死的，同時遇難的還有司徒陳耽。但是這件事的發生時間，在歷史上是有些出入的。

陳耽可能是一個虛構的人物，劉陶則確有其人。

劉陶，字子奇，東漢潁川潁陰（今河南許昌）人，為濟北貞王劉勃之後。劉陶雖貴為宗室後裔，生活卻非常簡樸。他不拘小節，所交往的朋友均是志同道合之人，如果追求的方向不同，就算再富貴的對象，他也不肯苟同；但如果對方與他志趣相投，則不分貴賤，引以為友。劉陶還非常有正義感，他在洛陽太學讀書時就一舉成名。那時冀州刺史朱穆因嚴懲葬父僭制的宦官趙忠而觸怒了皇帝，被罰往左校署去做苦力，劉陶義憤填膺，率數千名太學生指闕上疏，為其打抱不平，終使朱穆獲得赦免。

劉陶擔任侍中之後，屢次進諫，為權臣所敬畏。後來劉陶被調任京兆尹。到職，當出修官錢千萬，他恥於以錢買職，以生病為由不再理事上朝。靈帝特重其才，為諫議大夫。黃巾起義爆發之後，劉陶上書彈劾宦官，認為亂由宦官而出，宦官惱怒之下誣陷劉陶和黃巾軍有所勾結，昏庸的靈帝居然聽信宦官讒言，致使劉陶下獄而死。

劉陶是在西元一八五年被害，而張純、張舉於一八九年在漁陽造反，所以，劉陶之死應該早於二張造反，羅貫中先生不知何故竟然將此事寫到二張造反之後。

由吉本虛構而來的吉平

吉平這個人物在《三國演義》中是「忠義」的典型代表，有關他的故事是這樣的：曹操當上丞相之後，更是不把漢獻帝放在眼裡，漢獻帝在衣帶上寫下除掉曹操的血書，暗中送到國舅董承手上。董承自從看了皇帝衣帶詔，便日日思考除掉曹操的計策，卻苦無妙計，於是在憤慨、憂慮中病倒了。獻帝讓太醫吉平來給董承治病，見到了皇帝密詔，決心要除掉曹操，兩人便一同設下計謀，準備由吉平在曹操頭風病發時暗下毒藥將他殺死。

不料隔牆有耳，董承的家奴秦慶童聽到了兩人的密謀。這個秦慶童才剛因為和董承的小老婆有曖昧關係而被董承打了四十板子，因此懷恨在心，他立刻向曹操告發了董承、吉平。

曹操接到密告，誘捕吉平，酷刑拷打追究幕後主使，吉平抵死不承認，撞階而亡。

太醫令吉平的忠烈事蹟的確令讀者銘心刻骨，難以忘懷，但歷史上並沒有吉平這個人，只有對抗曹操的太醫令吉本，而且吉本向曹操發難的時間是西元二一八年，並非衣帶詔案發的西元二〇〇年。

這件事在歷史上是這樣的：建安二十三年（西元二一八年）魏王曹操西上關中

與劉備作戰，派丞相長史王必掌管軍隊，督理許都的事務。當時關羽實力強盛，京兆郡人金禕見漢朝政權將被曹氏取代，便和少府耿紀、司直韋晃、太醫令吉本、吉本的兒子吉邈、吉穆等人密謀殺掉王必，扶持天子打擊曹魏的勢力，並在南面聯合關羽作為外援。於是，吉邈等人率黨羽一千餘人在夜間攻擊王必，燒毀王必住所的大門，一箭射中王必的肩膀。帳下督扶著王必逃到許都南城，王必和聞訊趕來的潁川典農中郎將嚴匡共同作戰，最終斬殺吉邈等人。

羅貫中在創作《三國演義》時別具匠心地把吉本從西元二一八年的造反之事拿出來，更名為吉平，為讀者虛構了跌宕起伏，驚心動魄的「吉平下毒」故事。

死後還魂的太史慈

東吳諸將中，如果按照給大家留下的印象之深淺排名次，在周瑜、魯肅、呂蒙、陸遜之後，大概當屬太史慈和甘寧了。甘寧的與眾不同之處，是他驍勇善戰和早年做賊的經歷；太史慈則是因為他武藝高強、箭術超群、知恩圖報，以及一諾千金的高貴品德。

太史慈的箭術的確是史上有名的。他跟從孫策討伐麻、保賊時，有一賊人於屯裡城樓上詆毀痛罵孫策，並以手挽著樓棼。太史慈便引弓射之，箭矢竟然貫穿其手腕，將其牢牢釘在樓棼之上，圍外萬人無不稱善。曹操聞其威名，向太史慈寄了一封書信，以篋封之，內無多物，只放了少量當歸，暗示太史慈應當向其投誠，可見其看重程度。

令人遺憾的是，天妒英才，天不假年。建安十一年，即西元二〇六年，太史慈不幸因病逝世，享年四十一歲。太史慈臨終之時，歎息道：「大丈夫生於世上，應當帶著七尺長劍，以升於天子階堂。如今所志未從，奈何卻啊！」壯志未酬之慨，令人為之垂淚，孫權知道太史慈病故更是十分悼惜。

在《三國演義》中，太史慈曾在西元二〇八年發生的群英會上監酒，並在隨後的赤壁之戰中充當先鋒，後來在合肥之戰中了張遼「將計就計」之計，身中數箭，為國捐軀，當然這是羅貫中虛構的，否則《三國演義》就成了《聊齋志異》。

建安年號

建安是東漢末年漢獻帝的第五個年號，時代是從建安元年（西元一九六年）一月到建安二十五年（西元二二〇年）三月之間。建安年間是在漢末歷史中最精彩的一個時期，一些著名戰役均發生在這一時期，如官渡之戰、赤壁之戰等等。建安時期，在曹操父子的推動下形成以曹操、曹丕、曹植（後世稱為「三曹」）和建安七子為代表的建安文學，在文學史上占非常重要的地位。

長得好不如長得巧

有時候，來得早不如來得巧；看完本文你會發現有時候長得好不如長得巧。

西元一七〇年前後，剛剛成年的公孫度跟隨父親公孫延來到遼東玄菟郡，投奔他們的本家玄菟太守公孫域。令公孫延父子意想不到的是，一見面公孫域就給了他們一個天大的驚喜。

公孫域有一個兒子名叫公孫豹，不幸在十八歲英年早逝了，碰巧公孫度乳名也叫豹兒，又與公孫域的兒子年齡相仿，所以公孫域對公孫度這個青年「一見如故」，喜歡得不得了，於是就將他收為螟蛉之子[14]，但是後果卻非同小可，公孫域不但送公孫度進京求學，還給他娶了妻安了家，後來又囑託朋友舉薦義子當上尚書

14 義子之意。

郎。

公孫度從此踏上仕途。後來他的另一個特殊機遇和另一個貴人進一步成就了他的輝煌人生。

西元一八九年，漢靈帝駕崩，外戚宦官爭權，結果兩敗俱傷，涼州軍閥董卓趁機進京掌握了朝政大權。當時遼東太守的位置正好出現空缺，董卓手下的中郎將徐榮和公孫度是襄平（今遼寧遼陽）老鄉，就向董卓推薦公孫度擔任遼東太守。董卓正想結黨樹威，而且也知道公孫度和公孫域的關係，就順坡下驢賣徐榮一個面子，於是，事就這樣成了。

從這一年起，遼東的歷史就進入了公孫度的時代。

第二年，董卓的倒行逆施引起各地刺史太守的公憤，一時間成為眾矢之的，自顧不及，無暇東顧，公孫度便抓住這個機會自立為遼東侯，繼而東伐高句麗，西擊烏桓，南取遼東半島，並且越過渤海占據了山東半島北部的東萊諸縣，同時設館取士，封官授職，設壇祭天，親耕籍田，成了獨立於中央政府之外的遼東王。

遼東政權總共傳了三代四王，直到西元二三八年被司馬懿滅掉。從存在的時間來看，這個政權的存在時間竟然比蜀國和魏國長。

公孫度的特殊經歷發生在白山黑水的東北地區。五百年後，在地處大西南的青藏高原上演了一個異曲同工的傳奇故事。

西元六七七年九月，大唐和吐蕃在青海東南部展開大戰，結果不夠團結的唐軍被吐蕃名將論欽陵打得一敗塗地，主帥劉審禮和副帥王孝傑都成了俘虜。劉審禮幾天後傷重而死，王孝傑則被論欽陵帶到吐蕃贊普赤都松贊面前。

赤都松贊見到王孝傑的一剎那，他簡直不敢相信自己的眼睛，為什麼呢？因為這個來自大唐的俘虜與他逝去的父皇芒松芒贊實在太相像了，順便一提，芒松芒贊是松贊干布[15]的孫子，也是他繼任的贊普。

吐蕃人都是虔誠的佛教徒，赤都松贊也不例外，他認為王孝傑的到來乃是天意，是佛祖給了他這樣一次重溫父愛的機會，作為回報，他不但應該赦免王孝傑的罪過，還應該以禮相待將其送回大唐。

15 吐蕃王國的建立者。

長得好不如長得巧，王孝傑就這樣逃過了一場生死劫。

十五年後，女皇武則天決定收復被吐蕃占領的安西四鎮，這時她想起王孝傑曾經身陷吐蕃的特殊經歷，就任命他率領數萬大軍向西域地區的吐蕃軍隊發起進攻。王孝傑一方面充分吸取上次失敗的慘痛教訓，一方面努力利用他在吐蕃時獲得的各種資訊，終於一雪前恥，把勢力猖獗的吐蕃人完全趕回青藏高原，成功收復安西四鎮，重新建立安西都護府，在大唐歷史寫下燦爛輝煌的一頁。

三國時期第五國

如果說遼東政權是三國時代第四國，那麼，嶺南士氏政權堪稱三國時期第五國。

西元一八七年，即漢靈帝中平四年，士燮被任命為交趾太守。

西元二〇三年，以曹操為首的東漢朝廷封士燮為「綏南中郎將，董督（交州）七郡，領交趾太守如故」，從這時起，整個交州就是士燮的獨立王國了，不但包括現在的廣東廣西，還包含越南的北半部等地。

東吳政權建立後，士燮懾於孫權的軍事實力，表面上臣服吳國，實際上仍然保持嶺南士氏政權的獨立性。

西元二二六年，九十歲的士燮病逝，兒子士徽背叛吳國而自立，最終被東吳攻滅。

劉邦劉備，一樣也不一樣

劉邦何許人也？不說大家都知道。劉備何許人也？不說大家也都知道。作為大漢開國君主，劉邦的歷史功績遠遠大於劉備；但是身為經典名著《三國演義》中的主人公之一，劉備的名氣明顯超過劉邦。雖然這兩位相隔四百多年，但作為劉邦嫡孫中山靖王劉勝後代的劉備早年在性格、愛好、志向以及經濟狀況和他的老祖宗劉邦真是如出一轍。

早年經歷，驚人相似

劉邦早年做過亭長，是一個芝麻綠豆大的小官，這種不入流的公務員工資少得可憐，而他又好吃懶做，貪酒好色，所以家裡可謂一窮二白，徒有四壁。他最喜歡的，除了醇酒美姬，還有交朋友，無論是地痞流氓，還是縣政府的小官衙役，他都能說得上話，是個黑道白道通吃的人物。一次，劉邦出差見到秦始皇的車駕儀仗，不由心生羨慕，發出一句震撼古今的讚歎：「大丈夫當如是也！」大概從那時候起，他就有了要成就一番大事業的想法。

無獨有偶，劉備少年時失去父親，以賣草鞋打草席維持生活，十五歲才由叔父劉元起資助進學堂識字讀書。可是，劉備卻不用功讀書，老是喜歡玩樂，整天呼朋引伴四處玩耍，劉元起根本管不住他，只有歎息的份。不過劉備卻有著更高遠的志向，他在和夥伴玩耍時，曾經指著他家東南角的一棵大桑樹說他長大後一定能經常乘坐像那桑樹一樣的「羽葆蓋車」。

不同方向，不同結局

雖然劉邦和劉備都有著雄心壯志，滿腔豪情，但他們所選擇的政治方向卻完全不同，劉邦走的是「造反派」的革命道路。

秦朝末年的西元前二〇九年，陳勝、吳廣揭竿而起，建立了「張楚」政權。劉邦在沛縣殺死縣令起兵回應，大家稱他為「沛公」。他號召當地青年加入隊伍，很快地聚集了三千人。後來這支隊伍與項羽的叔父項梁的隊伍會合，共同擁立了楚懷王的孫子熊心為新的楚王。西元前二〇六年八月，劉邦率軍攻入關中，秦王子嬰出降，秦朝滅亡。不久，兵力遠遠超過劉邦的項羽帶兵接管了關中，並控制全國大部分領土。後來，項羽自封為西楚霸王，封劉邦為漢王，讓他去統領巴蜀和漢中一帶。

至於劉備卻是一個不折不扣的「保皇派」。

東漢末年，朝政腐敗，黃巾起義，天下大亂，西元一八四年，劉備依靠馬販子朋友資助的錢財組建一支二、三百人的軍隊，隨後帶兵投奔校尉鄒靖，參與鎮壓黃巾軍。

黃巾起義被鎮壓之後，劉備憑藉軍功當了安喜（今河北定縣東南）縣尉（相當於副縣長），管理一縣治安及牢役。為了尋求更好的發展，劉備先後投靠袁紹、曹操、劉表等人，最後聯合孫權在赤壁之戰中打敗曹操，才在荊州站穩腳跟。西元二一四年，向西發展的劉備帶領大軍攻占成都，接任益州牧，和他的老祖宗劉邦一樣成了巴蜀地區的統治者，旋即從曹操手中奪取漢中。

歷史又將劉邦和劉備推到一個相同的十字路口，那麼他們的結局為什麼不一樣呢？

在巴蜀站穩腳跟之後，劉邦就採用韓信「明修棧道，暗渡陳倉」的計策打到了關中地區。接下來，他的軍隊從少到多，由弱變強，地盤也越來越大，最終把剛愎自用的項羽趕到烏江邊。項羽一敗塗地，拔劍自刎，劉邦統一了中國的絕大部分地區。當年那個羨慕秦始皇的小亭長竟然真的面南背北、稱孤道寡地當上皇帝，並且開創了大漢四百年的江山，比秦始皇的短命王朝不知要強多少！

按照諸葛亮「隆中對」繪製的藍圖，劉備也是要衝出蜀地，劍指長安，繼而橫掃中原，一統天下的。可惜時運不濟，天不假年，劉備在夷陵之戰失利後病死在白帝城，把這份重擔留給忠心不二的諸葛亮。諸葛亮六出祁山，其接班人姜維繼之九伐中原，雖也取得一些勝利，但時移勢易，魏國的實力已遠遠超出蜀漢，而蜀國皇帝又是那位扶不起的阿斗，最終只能是一場春夢杳然去，空留遺憾在人間。

劉邦、劉備早年相似，而後一個造反，一個保皇，卻殊途同歸，都占有巴蜀之地。二人都有北進關中，一掃天下之志，最終前者宏圖大展，「威加海內兮歸故鄉，安的猛士兮守四方」；後者「遺恨失吞吳」，崩於永安宮，留下千古哀歌。此間況味，值得後人深思。

明修棧道，暗度陳倉

項羽自封為西楚霸王後，就向各諸侯分封領地，他把偏僻的巴蜀、漢中三郡分封給劉邦，立其為漢王。劉邦在去領地途中令部下燒毀了棧道，他這是向項羽表白沒有向東擴張的意圖。劉邦等自己具備了一定的實力之後，韓信便給他出了一個計策「明修棧道，暗度陳倉」。

陳倉（今陝西省寶雞市陳倉區）是劉邦進入關中的必經之地，兩地之間有險山峻嶺阻隔，又有雍王章邯的重兵把守。劉邦按照韓信的計策派了最信任的大將——樊噲帶領一萬人去修五百里棧道，並以軍令限期一個月內修好。當然，這樣浩大的工程即使三年也不可能完成。正是這一點迷惑了章邯，他萬萬沒有想到劉邦的精鋭部隊沿著無人知曉的小道翻山越嶺偷襲了陳倉。

劉邦透過「明修棧道，暗度陳倉」，順利挺進關中，站穩腳跟，從此拉開了他開創漢朝四百年基業的序幕。

《三國演義》中的魯莽錯誤

首先聲明，我熱愛《三國演義》這部名著，對作者羅貫中先生抱以十二萬分的尊敬，但對於其中幾個錯誤還是要實事求是指出，以免以訛傳訛，湮滅事實。

關純還是閔純

在《三國演義》第七回，困居河內的袁紹為了奪取韓馥占據的冀州，他按照逢紀的計謀，給幽州的公孫瓚寫信約其共分冀州，而後又裝好人密告韓馥，說公孫瓚要奪取他的地盤，於是，傻乎乎的韓馥真的如同逢紀所預言，打算派人請袁紹帶兵入冀州，協助他抵禦公孫瓚的進攻。忠於韓馥的長史耿武和別駕關純勸諫不要引狼入室，韓馥不納忠言一意孤行，終於把袁紹這隻老虎引入冀州的羊群之中。當袁紹帶兵到來時，早已埋伏在城外的耿武和關純拔刀行刺袁紹，不幸被顏良及文醜殺死。

有趣的是，史書裡紀載，與耿武一同行刺袁紹的人不叫關純，而是閔純。根據二人的生平事蹟，我們可以斷定史書中的閔純就是《三國演義》中的關純。那麼，此處就誕生了一個問題，羅貫中先生為什麼要把「閔純」改成「關純」呢？我想羅貫中應該不是有意改成這樣，而是粗心大意筆誤惹的禍。因為「關」字和「閔」字很相似。

「胡赤兒」是個誤讀

第九回董卓被殺時，他的女婿牛輔屯兵於長安城之外，呂布便派李肅前去征討，結果被牛輔打敗。於是，呂布親自出馬，牛輔知道自己不是呂布的對手，就帶著金銀珠寶，與親信胡赤兒等幾個人逃走了。半路上胡赤兒等人謀財害命，殺死牛輔將其首級送往長安。

實際上，歷史中並沒有「胡赤兒」的名號，這個其實是「支胡赤兒（即一個叫赤兒的胡人）」的誤讀，而「支胡」是「月支胡」的簡寫，後文的「赤兒等利其金寶，斬首送長安。」恰好可以證明這一點。

楊大將是個可笑的錯誤

《三國演義》第十五回結尾寫到：

> 卻說袁術暗有稱帝之心，乃回書推託不還；急聚長史楊大將，都督張勳、紀靈、橋蕤，上將雷薄、陳蘭三十餘人商議，曰：「孫策借我軍馬起事，今日盡得江東地面；乃不思根本，而反來索璽，殊為無禮。當以何策圖之？」長史楊大將曰：「孫策據長江之險，兵精糧廣，未可圖也。今當先伐劉備，以報前日無故相攻之恨，然後圖取孫策未遲。某獻一計，使備即日就擒。」

其實，「楊大將」是個可笑的錯誤，正確的姓名應該是「楊弘」，請見《三國志・吳書・孫討逆傳》的記載：

「（袁）術死，長史楊弘、大將張勳等將其眾欲就（孫）策，廬江太守劉勳要擊，悉虜之，收其珍寶以歸。」

這裡寫得很清楚：袁術的長史名叫楊弘。之所以會出現「楊弘」被「楊大將」鵲巢鳩占的結果，是因為古人著書無標點，羅貫中收集史料時一不小心把「長史楊弘大將張勳等……」句中的「弘」字看漏，讀成了「長史楊大將、張勳等……」。因為一字之差，「楊弘」糊裡糊塗變成了「楊大將」，這對楊弘來說實在冤枉。

兩個劉岱

《三國演義》第二十二回有這樣一段文字：

操大笑曰：「皆不出荀文若之料。」遂喚前軍劉岱、後軍王忠引軍五萬，打著丞相旗號，去徐州攻劉備。原來劉岱舊為兗州刺史；及操取兗州，岱降於操，操用為偏將，故今差他與王忠一同領兵。

這是羅貫中先生無意中所做的第三個虛構，之所以會出現這樣的情況，次要原因是羅先生犯了想當然的失誤，主要原因是漢末三國時期有兩個混得不錯的劉岱。

兩個劉岱之中，地位高的是兗州刺史劉岱。此公是東萊牟平（今山東福山西北）人，出身漢室宗親，其伯父劉寵曾任太尉，其弟劉繇為揚州牧、振武將軍，他自己則先為侍中，後任兗州刺史。

初平元年（西元一九〇年）春正月，劉岱和橋瑁、袁紹、曹操等其他諸侯起兵討伐董卓，成為漢末群雄之一。後來討董聯盟瓦解，劉岱與橋瑁相惡，劉岱擊殺橋瑁，攻占了東郡。

初平三年（西元一九二年），青州黃巾軍攻入劉岱鎮守的兗州，劉岱不納鮑信固守之計，倉促與之交戰，結果被殺。

另一個劉岱地位較低，是曹操的屬下，沛國（治今安徽濉溪西北）人。曹操為司空時，劉岱任司空長史，因為跟隨征戰有功被封為列侯。建安四年（西元一九九年）十二月，曹操派遣劉岱與王忠一起前往徐州襲擊劉備，被劉備擊敗，其後便消失在浩渺無際的歷史之中了。

兗州刺史劉岱早在一九二年就已經在和黃巾軍交戰時陣亡了，如果他還能在西元一九九年和王忠一起去攻打劉備，那真是活見鬼了！

「烏桓觸」是斷句錯誤

在寫《三國演義》第十五回的內容中，羅先生斷句時一不小心將長史楊弘斷句斷成了「楊大將」，在後來的第三十三回「曹丕乘亂納甄氏，郭嘉遺計定遼東」中，他又犯了一個類似的大錯誤，結果無中生有斷出來一個「幽州刺史烏桓觸」。

在《三國演義》裡，烏桓觸本為袁紹部下幽州刺史，後聚眾降曹，加鎮北將軍，但熟悉歷史的讀者會覺得這個名字頗為怪異，因為烏桓是東漢三國時期一個少數民族部族的名字，並非姓氏。同時，烏桓觸和在他前面出現的幽州袁熙手下大將焦觸都以名字中少見的「觸」字為名，這點也令人深感奇怪。

烏桓觸這個人物到底是怎麼回事呢？看了下面這段歷史記載，您肯定會跌破眼鏡。據《三國志・袁紹傳》：

（袁）尚、（袁）熙為其將焦觸、張南所攻，奔遼西烏丸。觸自號幽州刺史，驅率諸郡太守令長，背袁向曹。

其中的「烏丸」即烏桓，「觸」則指的是焦觸。顯而易見，「烏桓觸」之名是因為羅貫中在閱讀史料時斷句錯誤而誕生的。

東漢十三州

「州」是漢代監察區名，又稱「部」。東漢十三州包括：司州（司隸校尉部）、豫州、兗州、徐州、青州、涼州、並州、冀州、幽州、揚州、荊州、益州、交州。東漢末年，各州或置牧，或置刺史，以資望輕重為轉移，如劉表被任命為荊州牧，陶謙曾為徐州刺史，曹操曾任兗州刺史，後升為兗州牧。

「降曹」成就關羽萬世美名

如果問幾百個三國人物當中，誰的民間形象最偉大，答案應該是關羽。在民間文化中，關羽不僅是忠義的化身，還被奉為財神，與孔子並列為文武聖人，因而被尊為「關帝」。

為什麼關羽會被推上聖人的神壇呢？這是因為他在曹營的那段不平凡的投降經歷。

按理說，投降給人帶來的應該是屈辱，關羽在世時可能也有這種感受，但是在關羽的身後，他在曹營的這段經歷卻給他增添了光彩，最終成就了他忠義雙全的武聖人形象。

我們不妨一步步推理，這個投降經歷是怎樣把關羽捧紅的。

劉備因為參與行刺曹操的衣帶詔事件而遭到曹軍攻打，結果寡不敵眾，孤身而逃，投奔袁紹去了。隨後，曹操用計把駐守下邳的關羽圍困在附近的一座土山上，在既無救兵，又無糧草，也沒有實力突圍的情況下，一個類似哈姆雷特「偷生，還是抗爭」的命題擺在關羽面前——究竟該繼續對抗，還是直接投降？

這時，關羽的故交，正在曹操手下為將的張遼來勸降了，他先列出戰鬥而死的「三罪」——負盟、負托、負義，而後指出投降而生的「三便」——保嫂、守約、留身，為關羽的投降找足了理由，留足了臺階，於是，關羽動心了。

但關羽畢竟是關羽，他在藉機下台之前提出了「三事」，其一就是著名的「降漢不降操」；其二，要求曹操用劉備的酬勞供養二位嫂嫂；其三，一旦知道劉備去向，立馬離開。這三個條件相當了得，一下子就把關羽投降曹操這個事實的負面影響抵消一大半，同時還在他身上塗上第一層忠義的金粉。

求賢若渴，唯才是舉的曹操，欣然應允關羽的要求。

關羽投降以後，曹操對他真是「上馬金，下馬銀」、「三日一小宴，五日一大宴」，神仙般的供奉著。

曹操不僅在物質上捨得為關羽破費，而且動用感情攻勢。他見關羽的綠錦戰袍已舊，就特意用稀有錦緞為關羽做了一身新戰袍，結果關羽卻將舊袍套在新袍外面，問其原因，關羽回答：「舊袍乃劉皇叔所賜，某穿之如見兄面，不敢以丞相之新賜而忘兄長之舊賜，故穿於上。」

曹操還體貼入微地為關羽做了一個紗錦囊以保護他的美髯，但關羽仍不為所動。曹操為了得到關羽之心後來還發狠下了血本，慷慨大方地把有「人中呂布，馬中赤兔」之稱的赤兔馬送給了關羽。但關羽再拜之後的那句話，當場讓曹操後悔得捶胸頓足——「吾知此馬日行千里，今幸得之，若知兄長下落，可一日而見面矣。」

到此為止，羅貫中又為關羽塗上第二層忠義的金粉，而關羽的神勇也伴隨著他的忠義精神到了淋漓盡致的表現。

為了報答曹操的知遇之恩，關羽在白馬坡於萬軍之中探囊取物般割下了顏良的腦袋，又在延津口一刀要了文醜的性命。不久，關羽得到劉備在河北袁紹處的消息，便掛印封金，北上尋兄，一路上過五關斬六將，著實過了一把戰癮，只可惜曹操手下那六員將領成了關老爺忠義之氣的犧牲品，其實，犧牲品還不止這六將，在古城被關羽殺死的老將蔡陽也算一個。

關羽衝破重重阻礙，歷盡千難萬險到達河北時，劉備卻已經往汝南去了。於是，關羽又千里迢迢奔向汝南，等他趕到汝南，劉備卻又前往河北搬救兵去了。於是，關羽又轉過頭來再回河北。幾番周折，既為兄弟又是君臣的劉備和關羽二人，才在關定莊上相逢。

這是羅貫中為關羽塗的第三層忠義金粉。

然而，讓關羽的義氣登峰造極的卻是他在華容道的意外舉動。

回到劉備身邊之後，關羽還是和從前一樣一心一意、捨生忘死地為大哥上陣殺敵、奪取天下，但他並沒有完完全全、徹徹底底地忘記曹操。

後來，曹操八十萬大軍下江南，企圖一舉掃平荊州和江東，讓統一大業邁向新的里程碑，可惜最後在赤壁被孫劉聯軍一把火燒得潰不成軍，大敗而逃。

當曹操帶著殘兵敗將逃到華容道時，他和埋伏在此地的關羽「山不轉水轉」地別後重逢了。關羽本來是在諸葛亮面前立下軍令狀的，但義重如山的關老爺最終還是以私廢公，冒著掉腦袋的危險，在華容道放走了雖是劉備勁敵，卻對他恩重情深的曹操，因此將自己推上重情義義氣的最高峰。

實事求是的說，關羽的忠義不一定勝得過趙雲、張飛，但人們卻感覺他的忠比趙雲要烈，他的義比張飛要濃。這全應歸功於他「身在曹營心在漢」的那段特殊經歷，換句話說，正是降曹的前因後果和其中過程成就了關羽千秋萬世的忠義美名。

益智遊戲華容道

華容道是古老的中國民間益智遊戲，以其變化多端、百玩不厭的特點，與魔方、獨立鑽石棋一起被國外智力專家稱為「智力遊戲界的三個不可思議」。它與七巧板、九連環等中國傳統益智遊戲齊名，它還有個代名詞叫作「中國的難題」。據《資治通鑒》注釋中說：「從此道可至華容（在今湖北省監利縣城以北約三十公里處）也。」華容道原是中國古代的一個地名，相傳當年曹操曾經敗走此地。

通過移動各個棋子，幫助曹操從初始位置移到棋盤最下方中部，從出口逃走。不允許跨越棋子，還要設法用最少的步數把曹操移到出口。曹操逃出華容道的最大障礙是關羽，關羽立馬華容道，一夫當關，萬夫莫敵。關羽與曹操當然是解開這一道遊戲的關鍵。

三顧茅廬是否真的存在？

劉備三顧茅廬請諸葛亮出山相助的故事在中國可謂家喻戶曉，婦孺皆知。但是關於三顧茅廬一事是否真實存在，在學術界一直存在著兩種截然不同的見解。

「三顧茅廬」之說的支持者認為，劉備確實曾經三次到隆中拜訪諸葛亮。證據就是諸葛亮出兵北伐前寫給後主劉禪的《出師表》：

臣本布衣，躬耕於南陽，苟全性命於亂世，不求聞達於諸侯。先帝不以臣卑鄙，猥自枉屈，三顧臣於草廬之中，諮臣以當世之事，由是感激，遂許先帝以驅馳……

在這篇流芳百世的散文名作中，諸葛亮明明白白地指出，先主劉備當年曾三顧他的茅廬，向他諮詢發展大計。在他深為感動的心情之下，答應出山輔佐劉備成就復興漢室之大業。諸葛亮的人品道德是毫無疑問的，而且《出師表》是寫給皇帝劉禪的，所以，「三顧臣於草廬之中」之言絕對是沒有摻假的真話。

《三國志》的作者陳壽是認可「三顧」之說的。陳壽在《諸葛亮傳》中曾對傳主做出過這樣的評價：

然亮才，於治戎為長，奇謀為短，理民之幹，優於將略。

由此可見，陳壽在為諸葛亮作傳時是站在公正客觀立場的，這就使得他筆下的劉備三顧諸葛亮可信度非常之高。

然而，「三顧茅廬之說」的反對者也有白紙黑字的證據，他們拿出的古籍是與《三國志》同時代的《魏略》和《九州春秋》。按照這兩本書的說法，諸葛亮是在曹操劍指荊州之前主動「北行見備」的。他們認為諸葛亮是一個「每自比於管仲樂毅」，有修齊治平、遠大政治理想的青年才俊，他不會傻傻地在隆中坐等那無法預期是否會來訪的明主劉備。

文化學者易中天先生覺得兩種看法都有不可辯駁的論據。他經過一番思考，給了一個不偏不倚的新結論——諸葛亮先去找劉備，劉備也接受了他的建議，但仍然沒有給予足夠的重視，於是諸葛亮回去了。等到劉備意識到諸葛亮的價值之時，只好親自出馬，三顧茅廬，重新把諸葛亮請了出來。此說看似兼容並包，兩全其美，但確實如易先生所說「太大膽了一點兒」，以至於有些突兀，難以令人信服。

在此冒昧地與各位分享一個既符合事之常理，又合乎人之常情的說法。

試想一下，如果有人忽然來到你家中，邀請你去外地某公司任職，而且短期內不能回家，你會立刻放下家中的一切，跟隨對方前往嗎？答案恐怕是否定的。因為按照常理，你需要一些時間來打理家中事務做好遠行的準備。在這種情況下，合理的作法是讓對方先走，你幾天後自己前往公司報到。

熟悉歷史的朋友都知道，諸葛亮在被劉備拜訪時乃是一家之主，而且以「一生唯謹慎」著稱於世，他理應會像此處所設想的，在安排好家中一切後獨自奔赴劉備的軍營，劉備自然也不會到處宣揚他三顧茅廬搬請諸葛亮這件事了。於是，「諸葛亮應劉備之邀，依約而至」在不知情的人眼中，就成了「主動北行見備」了。

三顧茅廬的真相有可能是這個樣子的，諸位看官如何評斷呢？

諸葛亮的才華指數

然亮才，於治戎為長，奇謀為短，理民之幹，優於將略。

憶氏白話：

諸葛亮善於管理軍隊，治軍嚴整，但在運用奇謀妙計上卻有所不足。他治理百姓的才幹，優於當統帥的謀略。說得更通俗一點，相比之下，諸葛亮的計謀指數低於他的治軍指數；治軍指數又低於理政指數。以比較俏皮的方式來形容，謀士諸葛亮不如元帥諸葛亮；元帥諸葛亮不如宰相諸葛亮。

神機妙算不如撥拉算盤

在人們的印象中，每個成功的帝王背後都有一個足智多謀，對開國事業至關重要的智囊型人物。如劉邦和張良，劉備和諸葛亮，唐太宗和徐茂公，朱元璋和劉伯溫等等。但實際上，對於帝王的成功來說，最重要的並不是謀士的神機妙算，而是和撥拉算盤關係密切的後勤大總管。

楚霸王項羽兵敗垓下，烏江自刎後，漢高祖劉邦在都城長安對他的部屬論功行賞，出乎意料的是，被他列在功臣名單第一位的，既不是運籌帷幄之中，決勝千里之外的張良；也不是攻城掠地，戰功累累的名將；卻是籌措糧草，安撫百姓的蕭何。劉邦在駁斥自恃功大的武將時，還把他們稱為「功狗」，將蕭何尊為「功人」。

說到朱元璋，人們立刻會想起上知五百年，下知五百年，能掐會算，和大明三百年基業密切相關的劉伯溫。但是，朱元璋在推翻元朝建立大明之後封賞功臣時，劉伯溫卻只得了一個三等爵位——誠意伯。當時名列一等爵位的有六個人，分別是：魏國公徐達、鄂國公常遇春、韓國公李善長、曹國公李文忠、宋國公馮勝和衛國公鄧愈。徐達、常遇春等人都是能征慣戰，威震天下的名將，手無縛雞之力的李善長憑什麼能與之並駕齊驅，同在國公之列呢？和蕭何一樣，他憑藉的是為前線籌糧送兵，後勤服務的能力。

大家熟悉的神機妙算型人物諸葛亮能夠贏得劉備的欣賞和信任，主要歸功於他維護後勤的能力。其一，赤壁之戰後，諸葛亮並沒有像小說中寫的那樣和周瑜比鬥智謀，而是在零陵、桂陽、長沙三郡負責調整賦稅，充實軍資；其二，劉備進軍西川時，在其身邊出謀劃策的是龐統，而諸葛亮負責在荊州為劉備做後勤維護的工作；其三，劉備攻打漢中時，隨其前往的謀主是法正，諸葛亮仍然負責在後方為前線供應糧草物資；其四，《三國志》的作者陳壽明確指出應變將略非諸葛亮之所長。

中國歷史上最著名三個軍師的經歷，充分證明了神機妙算不如撥拉算盤，這其實驗證了近代的一句軍事名言——打仗就是打後勤。

蜀主八劍

據《古今刀劍錄》記載，章武元年，即西元二二一年，劉備在金牛山采得鐵礦，鑄造八柄寶劍，一把劉備自己佩帶，其餘七把分別賜予劉禪、劉永、劉理、諸葛亮、關羽、張飛、趙雲。劉備給八把劍都取了好聽的名字，而且劍上的名字都是由諸葛亮親筆書寫的。蜀漢滅亡之後，蜀主八劍一直下落不明。唐朝中後期，諸葛亮的佩劍被軍閥李師古所得，李師古將此劍據為己有，並改名師古劍，這真是明珠暗投呀！

據傳趙雲佩劍後來為慈禧太后所得，慈禧生前尤為喜歡看趙雲的戲，死後便用趙雲佩劍做了陪葬。一九二八年，孫殿英借軍事演習之名，掘盜清東陵慈禧墓，此劍便為孫殿英所得。一九四七年七月，孫殿英兵敗被俘，隨身攜帶的趙雲佩劍被肖永銀將軍收繳。

史書上並沒有記錄蜀主八劍的具體名稱，反而是網遊裡這八把劍分別被取名為：方土、東極、波母、南極、編駒、西極、不周、北極。

劉備借荊州其實是個冤案

我們經常會聽到有關三國的歇後語，「劉備借荊州——有借無還」就是其中之一。然而，劉備借荊州雖不是空穴來風，卻是個歷史冤案。既然要說發生在荊州的故事，那麼，首先要確定一下荊州的地理位置。東漢末年，全國分為十三個州，分別是洛陽和長安所屬的司州，北方的幽州、冀州、並州、青州、兗州、徐州、豫州和涼州，南方的揚州、荊州、益州和交州。其中的荊州包括現在的湖北湖南和河南西南部。俗話說：「樹有根，水有源。」若要討論劉備借荊州的是是非非，我們必須先釐清赤壁之戰後荊州的政治軍事形勢。

東漢時期的「州」就相當於現在「省分」，「州」下面的「郡」則相當於現在的「市」。荊州下面分為九個郡，亦即三國迷津津樂道的「荊襄九郡」是也。赤壁之戰之後，原本屬於劉表父子的荊襄九郡被曹操、劉備、孫權三方瓜分，情況如下：北部的南陽、襄陽、南鄉三郡屬於曹操；中西部的南郡屬於孫權；南部的長沙、桂陽、零陵、武陵四郡歸屬於劉備；中東部的江夏郡則由三家平分。所以從某種意義上說，「荊州三分」是「三國鼎立」的縮影，而「平分江夏」又是「荊州三分」的縮影。

劉備如何借荊州

看到這裡，可能有朋友會問：劉備力量最弱，為什麼占的荊州地盤最大呢？回答這個問題之前，要先說說周瑜版的隆中對：

> 與奮威俱進取蜀，得蜀而並張魯，因留奮威固守其地，好與馬超結援。瑜還與將軍據襄陽以蹙操，北方可圖也。

「奮威」是指奮威將軍孫瑜，孫權堂兄。這個版本的「隆中對」，是周瑜在赤壁破操後正式提出的，而且他立刻將其付諸實施——自己率兵沿長江西上進軍南郡，為「取蜀而並張魯」做準備，而讓劉備南下收復名義上已經降曹的江南四郡。劉備收復江南四郡雖然不比赤壁鏖戰那樣險惡艱鉅，也是費了幾番周折。在零陵和武陵，劉備的軍隊都遭遇了守將的拚死抵抗；在桂陽，趙雲遇到心懷叵測的趙範，留下了趙雲不納趙範嫂的故事；相比之下，長沙太守韓玄好像是最識時務的，選擇了不抵抗，在《三國演義》中不知為何成了反面人物。

劉備雖然占據了荊襄九郡中的一半土地，但是他感到非常鬱悶，因為他沒有得到與蜀地接壤的南郡，這樣一來，諸葛亮為他策劃的隆中對就成了不可能的任務。為了早日實現自己興復漢室的偉業，劉備不得不硬著頭皮，冒著危險前往京口（今江蘇鎮江）拜訪孫權，請求對方暫將南郡借給他駐兵，以便北上襄陽破曹興漢，當時劉備陣營沒有公開提出進軍蜀地的主張，以免引起孫權的警惕。劉備之所以敢於「明知山有虎，偏向虎山行」，主要因為一個人的存在，這個人是何方神聖？他就是始終堅持聯劉抗曹的魯肅。

在魯肅的幫助下，孫權同意把南郡借給劉備，但周瑜不肯將自己千辛萬苦得來的土地讓給別人。正在劉備開始犯愁的時候，老天幫了他一個大忙——周瑜因病逝於巴丘。隨後，在魯肅的主持下，孫權把南郡借給了劉備。

孫權也有如意算盤

孫權為什麼如此大方呢？孫權自然有他的如意算盤。赤壁之戰後，曹操雖然暫時無力南下，但仍然在長江北岸佈防了重兵，一來阻擋孫劉聯軍渡江北伐，二來伺機再次南侵，孫權不願單獨承擔和曹操隔江對抗的艱鉅任務，這才把南郡借給了劉備。如此一來，長江中段的防禦就轉嫁到劉備陣營的身上。

孫權這一招棋下得如何？從曹操的反應可以得出答案。據說孫權借南郡給劉備的消息傳到曹操耳邊時，他正在寫字，一驚之下，竟然把毛筆掉到地上，因為他最怕的就是孫劉聯手和他唱對臺戲。曹操的這個小動作讓我們想起青梅煮酒論英雄時，劉備聞言「手中所執匙箸，不覺落於地下」的場景，不知兩者是否有關聯。

西元二一五年，孫權眼見劉備奪了益州後，仍未打算歸還南郡，便向兵力較弱，又遠離關羽駐地的長沙、桂陽、零陵三郡發起進攻，並成功拿下了前兩郡。劉備得到消息，勃然大怒，命令關羽南下救援，同時親自率兵出蜀負起後盾的大任，一場生死決戰轉瞬即發。正當劉備陣營和孫權陣營因為南郡歸屬而大動干戈之時，北方的曹操集團奪取了益州的漢中，順勢侵入益州所轄的巴郡。為了避免陷入腹背受敵，兩面作戰的困境，劉備不得不向孫權求和，孫權趁機獅子大張口，要求平分荊州，於是，雙方約定東部的江夏、長沙、桂陽屬於孫權；西部的南郡、武陵、零陵屬於劉備。

讀至此處，您應該已經明白劉備借荊州的前因後果了，他當初只是向孫權借了一個南郡，最後卻賠給對方長沙、桂陽兩個郡，還落了一個「有借無還」的壞名聲，各位是不是覺得他頗冤枉呢？

安車軟輪

赤壁大戰結束，魯肅先行歸來。孫權聚集眾將，大張旗鼓地迎接他。魯肅進殿拜見孫權，孫權起身向他致敬，並對他說：「子敬，我扶鞍下馬迎接你，足以表彰你的功勞吧？」魯肅趨前幾步，搖頭說：「未能夠。」眾人聞之，無不愕然。魯肅就座後，才徐徐舉鞭說：「我希望至尊的威德遍及四海、總括九州，完成帝王大業，再用軟輪豪華馬車召見我，這才算顯揚我。」孫權聽後，拊掌大笑。後來人們就用「安車軟輪」來形容以優渥的禮遇迎送德高望重的人。

他們都是好演員

對於皇宮裡的王子們來說，最有誘惑力的當然是皇帝之位，太子之位則是天下第二有誘惑力的東西。為了得到這個位置，有希望的王子們會使出渾身解數去取悅皇帝老子。

偽裝第一招：鱷魚的眼淚

一千八百年前的魏王宮裡，曹丕、曹植兄弟正為了太子之位爭得不可開交。

南朝大詩人謝靈運曾說過一句話：「天下才有一石，曹子建（曹植）獨占八斗，我得一斗，天下共分一斗。」雖然謝詩人的話算不上真理，但曹植的文學才華確實出類拔萃，超凡脫俗。曹植揮筆而就的《銅雀台賦》、瞬間寫成的《七步詩》

即是明證。曹丕縱然天資聰穎，滿腹經綸，但比起三弟曹植仍然差了一截，在老爸舉辦的作文競賽上老是不甘心處於下風，所以他只得另闢蹊徑，找個獨門絕技來贏得父王曹操的歡心。

曹丕的智囊吳質給他出了一個看似可笑，但頗有實質效果的餿主意——「王當行，流涕可也」。於是每次曹操帶兵出征，曹丕、曹植兄弟和留守大臣到郊外送別時，曹丕都哭得稀裡嘩啦，一把鼻涕一把眼淚的，而曹植卻還在那裡為自己「男兒有淚不輕彈」自豪驕傲呢！說來也怪，一向以心狠手黑著稱的奸雄曹操竟然被曹丕矯飾的悲傷所感動了，結果，靠假哭取勝的曹丕最終取得了太子之位。

偽裝第二招：豬鼻子插蔥——裝相（象）

曹丕、曹植鬥法，哥哥勝出，楊勇、楊廣爭位贏家卻是弟弟，究其原因，也和「豬鼻子插蔥——裝象」有很大的關聯。

平心而論，楊廣的能力確實遠遠高出楊勇，不但能詩善賦，文采風流，而且南滅陳國，北勝突厥，戰功卓著。正因如此，身為二兒子的楊廣越來越不安分，一心要取代哥哥楊勇的太子之位。

楊勇碰巧是個不爭氣的主兒，生活奢侈，行為放浪，搞得正大張旗鼓提倡節儉的老爸隋文帝心裡很是不爽。楊廣則極力迎合皇帝老爸的主張，偽裝出生活儉樸、不好聲色的樣子。每次文帝到他府中時，他都把濃裝豔抹的姬妾鎖進密室，只安排幾個穿粗布衣的老醜婦人在左右侍侯，還故意將琴弦已斷，佈滿灰塵的樂器擺在引人注目的地方。隋文帝見小兒子如此淡泊寧靜，十分滿意。

與此同時，楊廣勾結和楊勇不和的越國公楊素，請他在文帝面前說楊勇的壞話。後來，楊素還誣陷楊勇，說他在文帝生病期間盼望父皇早點死。文帝大怒，逮捕楊勇，將其廢為庶民，改立楊廣為太子。

楊勇最終敗在楊廣手下，一是楊廣心機夠重；二是楊勇本身破綻百出；三是楊勇身邊沒有好軍師。

偽裝第三招：貓哭耗子假慈悲

清朝的咸豐皇帝肯定從心坎裡贊同上面的第三條，因為他有著非比尋常的親身體會。

當年道光皇帝要立太子的時候，他的想法一直在兩個皇子之間舉棋不定，一個是四阿哥奕詝（即後來的咸豐帝），另一個則是六阿哥奕訢。道光帝為了觀察皇子們的表現，在南苑舉辦了一次會獵，結果發現奕訢箭法最好，捕獲的獵物最多；奕詝卻一箭沒發，空手而歸。

道光很是生氣，問奕詝為何兩手空空。

奕詝十分鎮靜地回答說：「父皇恕罪，兒臣以為眼前春回大地，萬物萌生，正是禽獸生息繁衍之期，兒臣實在不忍殺生，恐違上天好生之德。」奕詝這話頭頭是道，說的道光連連點頭，於是奕詝用裝仁慈的手法成功掩飾了武功欠佳的短處。

直到年老病重時，道光還是沒能定下太子之位的人選，他知道自己將不久於人世，便召奕詝和奕訢入宮對答軍國大事，藉以決定儲位的最終歸屬。奕訢對軍機大事、治國之道回答的頭頭是道，句句在理；奕詝卻沒有發表什麼真知灼見，哭得鼻涕一把淚一把地說：「阿瑪，此時兒臣方寸已亂，實在無法慮及安國之事，恕兒無能，倘若阿瑪身有不測，兒願伴駕西行，永伴阿瑪身邊。」

常言道：「鳥之將死其鳴也哀，人之將死其言也善。」即將大駕西行的道光帝最終被奕詝生動的孝心演技打動了，於是無遠見、無膽識、無才能、無作為的咸豐皇帝便於焉而生。

咸豐皇帝之所以這麼會佯裝，都是在他的老師杜受田指導之下而有的功夫。

曹丕、楊廣和咸豐的太子之位都是靠「佯裝」得到的，冥冥之中，也註定了他們不會有好結果。

果然在西元二二六年，在位僅六年的曹丕在洛陽短命而崩。

西元六一八年，楊廣被寵臣宇文化及殺死於江都，死後連一副棺材也沒有。

西元一八六一年，在英法聯軍禍亂北京的險惡形勢下，驚嚇過度的咸豐死於承德避暑山莊。

表演藝術家趙麗蓉老太太的經典小品有這樣一句臺詞——「你狂，狂沒有好

七步詩和反七步詩

《七步詩》是《三國演義》中曹植受到哥哥曹丕迫害時作成的一首詩，因在七步之內隨口吟出，故名《七步詩》，原詩共有六句，後來在流傳中被凝縮為四句：「煮豆燃豆萁，豆在釜中泣。本是同根生，相煎何太急！」

一九四三年，大學者郭沫若寫了文章《論曹植》，重新考查、論證曹丕、曹植在人品與文學方面的評價，並對《七步詩》是否曹植所作提出質疑，而且翻舊出新，寫出了一首《反七步詩》：「煮豆燃豆萁，豆熟萁成灰。熟者席上珍，灰作田中肥。不為同根生，緣何甘自毀？」

大數學家華羅庚的《贈諸弟》也是一首《反七步詩》，與郭沫若詩異曲同工，更為動人：「煮豆燃豆萁，萁在釜下燊。不惜身成灰，願弟早成熟。」「成熟」一語雙關，讚揚甘為人梯的精神。

《三國演義》十大帥哥排行榜

《三國演義》是一本男人書，其中的女性角色，尤其是美女，例如貂蟬、甄后、甘夫人、江東二喬，便輕易獲得讀者的關注，正所謂「萬綠叢中幾點紅」是也。相形之下，男性角色中的帥哥被完全忽略了，讀者執著於「一呂二趙三典韋，四關五馬六張飛」之類的武力排名，實在是一大遺憾！故於此處另闢蹊徑發掘一下《三國演義》的帥哥們。

在《三國演義》中先後出場的帥哥正好有十個，咱們先領略一下他們的絕世風采：

1. 呂布（第三回）

卓怒叱曰：「順我者生，逆我者死！」遂掣佩劍欲斬丁原。時李儒見丁原背後一人，生得器宇軒昂，威風凜凜，手執方天畫戟，怒目而視。

2.趙雲（第七回）

文醜急撚槍來刺。忽見草坡左側轉出一個少年將軍，飛馬挺槍，直取文醜。公孫瓚爬上坡去，看那少年：生得身長八尺，濃眉大眼，闊面重頤，威風凜凜，與文醜大戰五六十合，勝負未分。

3.周瑜（第十五回）

（孫策）行至曆陽，見一軍到。當先一人，姿質風流，儀容秀麗，見了孫策，下馬便拜。策視其人，乃廬江舒城人，姓周，名瑜，字公瑾。原來孫堅討董卓之時，移家舒城，瑜與孫策同年，交情甚密，因結為昆仲。

4.袁尚（第三十一回）

紹所生三子：長子袁譚字顯思，出守青州；次子袁熙字顯奕，出守幽州；三子袁尚字顯甫，是紹後妻劉氏所出，生得形貌俊偉，紹甚愛之，因此留在身邊。

5.崔州平（第三十七回）

勒馬回觀隆中景物，果然山不高而秀雅，水不深而澄清；地不廣而平坦，林不大而茂盛；猿鶴相親，松篁交翠；觀之不已。忽見一人，容貌軒昂，丰姿俊爽，頭戴逍遙巾，身穿皂布袍，杖藜從山僻小路而來。

6.諸葛亮（第三十八回）

又立了一個時辰，孔明才醒，口吟詩曰：「大夢誰先覺？平生我自知，草堂春睡足，窗外日遲遲。」

孔明吟罷，翻身問童子曰：「有俗客來否？」童子曰：「劉皇叔在此，立候多時。」孔明乃起身曰：「何不早報！尚容更衣。」遂轉入後堂。又半晌，方整衣冠出迎。

玄德見孔明身長八尺，面如冠玉，頭戴綸巾，身披鶴氅，飄飄然有神仙之概。

7.馬超（第五十八回）

操出馬於門旗下，看西涼之兵，人人勇健，個個英雄。又見馬超生得面如傅粉，唇若抹朱，腰細膀寬，聲雄力猛，白袍銀鎧，手執長槍，立馬陣前；上首龐德，下首馬岱。操暗暗稱奇……

8.楊修（第六十回）

松觀其人，單眉細眼，貌白神清。問其姓名，乃太尉楊彪之子楊修，字德祖，現為丞相門下掌庫主簿。此人博學能言，智識過人。

9. 陸遜（第八十三回）

闞澤大呼曰：「若不用陸伯言，則東吳休矣！臣願以全家保之！」

權曰：「孤亦素知陸伯言乃奇才也！孤意已決，卿等勿言。」

於是命召陸遜。遜本名陸議，後改名遜，字伯言，乃吳郡吳人也。漢城門校尉陸紆之孫，九江都尉陸駿之子。身長八尺，面如美玉。官領鎮西將軍。

10. 鄧忠（第一百十二回）

維遂令後隊為前隊，自立於門旗下候之。只見魏陣中一小將全裝貫帶，挺槍縱馬而出，年約二十餘歲，面如傅粉，唇似抹朱，厲聲大叫曰：「認得鄧將軍否！」維自思曰：「此必是鄧艾矣。」挺槍縱馬來迎。二人抖擻精神，戰到三四十合，不分勝負。

親愛的朋友，從以上排行榜中選出自己心中的三國第一男神吧！

一千八百年前的三國時空，這十名男子可能都是帥哥，但真正帥得驚動歷史的只有一個人，那就是周瑜。關於周瑜的相貌，《三國志・吳書・周瑜傳》有明確記載：「瑜長壯有姿貌。」用現在的話來說就是「又高又帥又有氣質」。諸葛亮的外形，在《三國志》之中，只有「身高八尺」四個字，明顯遜於周瑜。我想，當年諸葛亮見到周瑜時，如果他是個會在意外貌的人，想必也會無奈地發出「既生亮，何生瑜？」的長歎吧！

床頭捉刀人

三國時期，生性多疑的曹操在會見匈奴的使者時，為了顯示他的威武形象，就讓一表人才的崔琰裝成他坐在他的位子上，自己則扮成武士，提著刀站在床頭（座位旁邊）。會見完畢後，曹操命間諜問匈奴使者對魏王印象如何，匈奴使者說床頭捉刀人才是真正的英雄。

四大名著與「三」的不解之緣

老子《道德經》曰：「一生二，二生三，三生萬物。」由此可見，「三」是一個至觀重要的數字。「三」之重要性在文學上特別突出，大家熟知的「三部曲體例」即是一個證明，中國四大名著也與「三」有著不解之緣。

既然說「三」，就先聊聊《三國演義》。這部名著的書名就有個「三」字，書中也有不少關於「三」的精彩之處。書的第一回名稱就是：「宴桃園豪傑三結義，斬黃巾英雄初立功」，結義的是誰，中國人都知道，就不再費口舌了。劉關張後來帶兵解徐州之圍，有了陶恭祖「三」讓徐州的感人故事。再後來，劉備失掉徐州，投奔劉表駐兵新野，他求賢若渴，「三」顧茅廬請出蓋世奇才諸葛亮。諸葛亮出山伊始，火燒博望、新野、赤壁，以「三」把火初次酬謝劉備的三顧之恩，「新官上任三把火」之說就是由此而來。緊接著，孫劉明聯暗鬥，諸葛亮又導演了「三」氣周瑜的悲喜劇。入蜀之後的「六出祁山」「九伐中原」字面上雖無「三」，但都是三的倍數，骨子裡仍然隱藏著「三」的影子。

《紅樓夢》眾多女孩之中最剛烈、潑辣、深情的當屬尤「三」姐，這個人物著墨雖然不多，其至情至性、熱情奔放的形象卻深入讀者心中。風趣詼諧，善良樸實的劉姥姥曾經「三」進榮國府，見證了賈家的繁盛與衰敗。賈府興衰的另一個見證者鴛鴦在劉姥姥二進榮國府時則曾「三」宣牙牌令，讓大家在劉姥姥那土得掉渣、趣味十足的酒令中與書中人一起樂得一塌糊塗。鳳姐小產之後，「三」小姐探春在李紈、寶釵的輔助下料理大觀園，一向沉默寡言，心靜如水的李紈竟然也說起玩笑話，稱自己和探春、寶釵為「『三』駕馬車」。

說到《西遊記》的內容架構，簡言之就是唐「三」藏帶著「三」個徒弟到西方取經的故事。這句話出現了兩個「三」字。實際上，《西遊記》中除了「三」個徒弟之外，還出現以下與「三」有關的角色：

1.黑風山「三」精：黑熊精、蛇精、鹿精；

2.雖稱為「仙」，其實是妖怪的車遲國「三」仙：虎力大仙、鹿力大仙、羊力大仙；

3.玉華州「三」王子。這三位分別是悟空，八戒和沙僧的徒弟；

4.獅陀嶺「三」妖：青獅、白象、大鵬金翅鳥等。

在故事情節方面，則有婦孺皆知，膾炙人口的「『三』打白骨精」、「『三』借芭蕉扇」的精采故事。白骨精「三」番分別變為村姑、老嫗、老翁，都被孫行者識破，卻也引發唐僧趕走徒兒的悲劇。「『三』借芭蕉扇」也是極為精彩的章節，孫悟空和牛魔王鬥智鬥勇、各顯本領，直打得山崩地裂，不亦樂乎。

《水滸傳》中與「三」有關的內容最多，魯提轄打死鎮關西用了「三」拳，宋公明攻破祝家莊打了「三」次，大破連環馬之後「三」山聚義，好漢越來越多，終於英雄排座次，「三」十六天罡，七十二地煞各歸其主。此後兩破童貫，「三」敗高俅，梁山事業達到頂峰。南征方臘損兵折將，十停好漢只剩下「三」停，轟轟烈烈的梁山起義終成一場噩夢。

一百單八將中，阮氏「三」雄是名頭很響的好漢，兄弟三個性格各不相同：小二沉穩、小五風趣、小七性如烈火。梁山寨上有「三」位女頭領，分別是：顧大嫂、孫二娘、扈三娘，正好代表「一、二、三」三個數字。其中最漂亮、最厲害、最不幸的是扈「三」娘。《水滸》中還有「三」個「三」郎，一是宋江宋「三」郎，一是拚命「三」郎石秀，第三個「三」郎乃是宋江的情敵，閻婆惜的情人，在戲曲中被女鬼活捉的張文遠張「三」郎。

俗話說，再一再二不能再三，到了文學藝術這兒，「一」太單薄，「二」不夠熱鬧，只有「三」才能把所有的精彩及妙處酣暢淋漓地表現出來，所以，四大名著才有了以「三」命名的情節，如此想法，不知諸君是否贊同？

《三國演義》中的數目字

說到數字，《三國演義》裡有很多有意思的數目字，在這裡給大家總結了一些有趣的故事標題，我們一起來看看吧！

「降孫皓三分歸一統」「入西川二士爭功」「三江口周瑜縱火」「武鄉侯四番用計」「討漢賊五臣死節」「先主征吳賞六軍」「陸遜營燒七百里」「孔明巧布八陣圖」「孫權降魏受九錫」「關雲長千里走單騎」。

第五章

三國情

看群雄相愛相殺誰輸誰贏

傲嬌曹操欣賞關羽的另一個原因

曹操欣賞關羽是中國人都知道的事情，這並非只是羅貫中的小說提到，《三國志》關於此事也有明確記載。在《三國志》中，關羽投到曹營後，曹操先是「禮之甚厚」，不久又「表封（關）羽為漢壽亭侯」以表彰其斬顏良解白馬之圍的大功，後來在知其必去之際，又「厚加賞賜」，聞聽關羽已經離開去追尋劉備時，竟然吩咐左右「彼各為其主，勿追也。」

為什麼曹操如此欣賞關羽呢？陳壽的答案是「曹公壯其為人」。

關羽為人究竟如何呢？陳壽的具體描述是「先主與二人（指關羽與張飛）寢則同床，恩若兄弟，而稠人廣坐，侍立終日，隨先主周旋，不避艱險」。

曹操身邊曾經有一個和關羽一樣既忠且勇，「常晝立侍終日」的壯士，就是「一呂二趙三典韋，四關五馬六張飛」中的雙戟大將典韋，當時曹軍中有「帳下壯士有典君，提一雙戟八十斤」之語。可惜的是，在跟隨曹操到南陽接受張繡投降時，張繡臨時背叛，典韋為了保護曹操，幫助他擺脫張繡的襲擊，於轅門之中力戰而死。典韋死後，曹操心裡很失落，好像再也沒有往日的安全感了，直到遇見和典韋一樣忠肝赤膽、謹慎持重的關羽，他的心才活絡起來。

曹操本來是想把關羽「引置左右」，要求他「將親兵數百人，常繞大帳」，但無奈關羽「身在曹營心在漢」，最終千里走單騎，又回到劉備身邊。曹操只好退而求其次，安排力有餘而細心不足的虎癡將軍許褚「常侍左右」。

其實，關羽還有一個特質，也是曹操非常欣賞的，而曹操本身也有這樣的特質。

曹操雖出身官宦家庭，實際上乃宦官後代。他的老爹曹嵩是大宦官曹騰的養子，後來儘管做到九卿的高位，卻無論如何擺脫不了閹人兒子的身分，晚年更是糊塗地花鉅款買了三公中的太尉，從而更加成為士大夫口誅筆伐的對象。身為宦官的孫子，曹操自然也免不了從生下來就被人輕視。年輕時他跟在士族子弟袁紹屁股後面偷雞摸狗做遊俠，心裡的天平偏向於羨慕一端，但等到他當上「挾天子以令諸侯」的權臣，對士族的仇視已遠遠超過羨慕了。

身為一個典型的實用主義者，曹操儘管骨子裡敵視乃至仇視士族及士大夫，對於其中那些願意真心與他合作的人物，他還是能包容重用的。但如果誰的立場發生了動搖，比如荀彧，他也會心有不捨地伸出毒手。對於那些不肯好好跟他合作的士族士大夫，比如邊讓、孔融、楊修、崔琰，曹操會毫不客氣地舉起屠刀，甚至斬草除根，把人家的兒子也殺死。曹操之所以沒殺禰衡，其中一個原因就是禰衡算不上士族。

和曹操一樣，關羽對士大夫的態度也是很不友好。

根據《三國志》記載，「羽善待卒伍而驕於士大夫，飛愛敬君子而不恤小人」，成書略晚的《華陽國志》則描述得更為深入：「飛勇冠三軍，與關羽俱稱萬人敵。羽善待小人而驕士大夫，飛愛敬君子而不恤小人，是以皆敗。」，關羽之所以如此應該與他的出身有著密切關係，這一點和曹操頗為相似。

關羽本字長生，早年因犯事逃離家鄉至幽州涿郡，這才結識了劉備、張飛，然後才有了劉關張打天下的精彩故事。從關羽當初以「長生」為字和曾經犯罪逃命的經歷來看，他應是出身於無錢無勢的貧苦人家。陳壽評價他為「剛而自矜」，這樣的性格與身世結合在一起，必然會讓他形成「驕於士大夫」的心理。

關羽對於同一陣營的士大夫本就不夠尊重，例如諸葛亮就是其中之一。關羽對於吳國的士大夫更是變本加厲，目高於頂。君主應可說是士大夫的最高地位，當吳主孫權派人來荊州求婚時，關羽「驕於士大夫」的心性有了登峰造極的表現。

關於此事，《三國志》是這樣記載的：「權遣使為子索羽女，羽罵辱其使，不許婚，權大怒。」如此看來，「虎女焉能嫁犬子」雖屬小說家言，卻也並非毫無根據。後來失去荊州時，關羽本來有機會到江陵和駐軍會和，卻因之前一直輕慢劉備的小舅子糜芳（士大夫家庭出身）等人而落得無處容身，身首異處。

曹操生前敵視士大夫，後世則被一代又一代的讀書人狠批痛斥，在某種程度上屬於咎由自取，乃至罪有應得；然而，在這件事和曹操情況相似的關羽卻受到了世世代代讀書人的讚美頌揚，而且成為尊奉的神仙級人物，為什麼會這樣呢？道理其實很簡單——就是忠奸之道異也！

三個好兄弟

先主與二人（指關羽與張飛）寢則同床，恩若兄弟，而稠人廣坐，侍立終日，隨先主周旋，不避艱險。

憶氏白話：

先主劉備和關羽、張飛二人同桌吃飯，同床睡覺，不是兄弟，勝似兄弟。每逢到了人多的公共場合，關羽、張飛一刻都不敢馬虎地站在劉備左右兩側，以便保證他的安全。二人跟隨劉備南征北戰上陣殺敵時，更是赴湯蹈火，在所不辭。

情路坎坷，非我所願——秦宜祿

西元二、三世紀之交，中國大地曾經出現一名讓兩位頂天立地的大英雄為之傾倒的苦命女子。兩位英雄的其中一位是功業成就頂天立地的曹操，另一位是忠義人品頂天立地的關羽。而她之所以被稱為苦命女子，主要是因為其前半生的命運，堪比八百年後民間傳說的秦香蓮。

歷史殘酷地考驗著這位苦命女子，不但為她設計了和秦香蓮相似的悲苦命運，還為她安排了一個同樣姓秦的丈夫。

秦姓丈夫何許人

她的丈夫名叫秦宜祿，在歷史上幾乎沒什麼名氣，但他的主公卻大大有名，正是那位以「馬中赤兔，人中呂布」名聞天下的呂布。

秦宜祿是個愛喝醋的「老西兒」，老家就在現在的山西省忻州市，當時叫雲中縣，歸併州太原郡管轄。

秦宜祿是以偽裝殺手的形象在歷史上首次登場的。彼時他和陳衛、李黑等人假扮成宮門衛士，手持長戟，站在皇宮大門兩邊，緊張又興奮地等待董卓的到來。

董卓乘坐的羽葆蓋車在四匹高頭大馬的牽引下剛剛到達皇宮門口，秦宜祿等人就端起長戟衝了上去，有的朝車裡猛刺，有的奮力攔住受驚欲奔的馬匹，老賊董卓早嚇得尿褲子，拚了命地大叫「奉先（呂布）我兒！救我！」說時遲那時快，呂布聞聲跳上華麗的「龍車」，長矛一抖，就把他那曾經呼喚為「乾爹」的董卓給挑到西天見如來佛祖了。

在大家的印象中，呂布是個好色的人，其實他更像「弱水三千，只取一瓢」的癡情男，他好像只愛貂蟬一人，對別的美女並不感興趣，至少他沒性騷擾部下秦宜祿的美貌妻子。

秦宜祿的妻子杜氏是個大美女，她有多麼美，歷史上沒有記載，但後來事態發展證明她的美不同凡響，她既可以令俠肝義膽的關羽動心，又可以讓閱女無數的曹操著迷。

除掉國賊董卓之後，呂布一時風光無限，權傾朝野，後來，董卓舊部兵犯長安，兵力不足的呂布不得不退出關中地區。幾經輾轉後，最終在徐州落下腳來。秦宜祿算得上是個忠臣，一直不離不棄地跟在呂布身邊。

呂布初到徐州時，徐州是劉備的天下，劉備讓他屯兵於徐州屬下的小沛。後來，劉備與袁術在曹操挑撥之下發生衝突，忘恩負義的呂布竟然乘機攻占徐州城，搖身一變反客為主。可憐的劉備回師時已無家可歸，只好反過來求呂布收留，呂布似乎是故意羞辱劉備，再度把小沛借給了他。

胸懷壯志的劉備旋即於小沛聚集了多達萬人的軍隊，呂布看了坐立難安，於是派秦宜祿南下江淮連絡袁術。袁呂迅速達成合作協定，雙方聯合起來向劉備發起猛烈攻勢，勢單力孤的劉備只好西投曹操。

癡情的秦宜祿

秦宜祿成功完成「聯袁打劉」的任務，自己卻被困在袁術那兒。袁術這傢伙抓住秦宜祿就不撒手了。不知是因為他覺得秦宜祿是個難得的人才，還是因為他想把秦宜祿當作人質約束呂布，為了讓秦宜祿安安心心，踏踏實實地待在他袁某人的一畝三分地裡，袁術還用了美人計，給秦宜祿娶了沒落的大漢公主做老婆，於是秦宜祿無意間成了拋妻棄子的「陳世美」。

但秦宜祿是被迫娶妻的，他不僅沒有「欺君王，藐皇上」的狂妄，更沒有「殺妻滅子良心喪」的狠毒，而是身在袁營心在徐，一直癡情地牽掛著徐州的嬌妻幼子，同時也焦慮地關注著徐州戰事的發展。

遙想一千八百年前這個癡情「陳世美」——秦宜祿當時的處境，大詩人杜甫身陷叛兵控制之下的長安時所寫的《月夜》或許可作為其心境的寫照，只需將其中的「鄜州」改為「徐州」，「長安」改為「淮南」即可：

今夜徐州月，閨中只獨看。遙憐小兒女，未解憶淮南。香霧雲鬟濕，清輝玉臂寒。何時倚虛幌，雙照淚痕乾。

其實，當時還有一個男人在思念著秦宜祿的美貌妻子杜氏，這個人是誰呢？說出來您也不信，他就是大名鼎鼎的關羽。關聖人對杜氏一見鍾情，寤寐思服，難以忘懷。

關羽和杜氏相遇應該是在劉備和呂布表面上還保持友好關係的日子，具體時間地點已不可考，但從關羽日後的表現來看，可能杜氏當時對他回眸笑了一下，而杜氏後來的不幸遭遇無疑進一步激發了關羽的憐香惜玉之心。

建安三年（西元一九八年），據《三國志》等書記載：

曹操與劉備圍呂布於下邳，關羽屢請曹操，欲得秦宜祿妻。曹操疑其有色，及城陷，曹操見之，乃自納之，並養其子於後宮。

曹操搶走杜氏的事實，證明貂蟬這個美女在歷史上是不存在的，否則，好色的曹阿瞞肯定會在絞死呂布之後，為自己的後宮增添一位貂夫人的。

不久，打算過把皇帝癮就死的袁術最終如願以償了，他炮製的仲氏政權也隨著土崩瓦解，壽終正寢，秦宜祿終於獲得自由。他孤身回到下邳城來尋找嬌妻幼子，無奈已是人去樓空，空留遺恨了。

身在許昌的曹操聽說杜氏的正牌老公來找老婆孩兒了，心裡非常不好意思，就讓漢獻帝發下一道聖旨，任命秦宜祿擔任縣令一級的銍長，和張飛成了同事。

癡情男之死

失去嬌妻愛子的秦宜祿心情糟糕透了，於是這個癡情的男人和酒交上了朋友，這正好合了張飛張三爺的胃口，二人變成了無話不言、言無不盡的酒友。後來，劉備打算脫離曹操自立門戶，以免為其所害，於是張飛開始發展秦宜祿這支「潛力股」。

二人見面之後，秦宜祿和平時一樣，一喝就真情流露了，他「瞋目大呼杜氏，苦不能見」，張飛趁機對他說：「老秦，你也是個純爺們，可是，人家曹阿瞞霸著你的老婆，你卻窩窩囊囊地在他手下當這麼個七品芝麻小官，這真是奇恥大辱啊！你還是和我一起跟劉備大哥那裡吧！」

秦宜祿聞聽此言，答曰：「不可！去則遠杜氏矣！」

張飛見說不動這個癡情漢，便等他喝醉了，把他捆起來，扔到馬背上上路了。

行至數里，秦宜祿酒醒，對張飛說：「君子不可奪志，吾愛吾妻，吾愛吾子，誓不遠離矣。」

張飛說：「曹操相府深宮高院的，見面談何容易！再說，你老婆攀了高枝，可能早把你忘了。」

秦宜祿曰：「不然也！不義者，曹操也，非關婦孺。吾若隨使君去，則再無機會復見妻子矣。」

張飛見秦宜祿如此堅決，只得「默然解宜祿縛」，送他一匹馬，讓他自便。

秦宜祿剛走一會兒，就來了一個人，一個決定他最終命運的人，這個人是誰呢？不好意思，又是關羽。

關羽聽完張飛遺憾又惋惜的敘述，一面讚歎「真義人也！」」，一面「獨騎追之」。很快，關羽提著秦宜祿的首級回來，飛大驚，羽曰：「這樣的人才不能留給曹操，故殺之。」

癡情男人秦宜祿就這樣失去寶貴的生命。殺人兇手關羽的結義大哥劉備有這樣一句名言曰：「兄弟如手足，妻子如衣服」，而關羽和張飛在傳說中，也曾為了追隨劉備而殺死了自己的妻子兒女。相比之下，秦宜祿對妻子的一往情深倒是成就了三國亂世裡人性的一抹亮色，因此顯得尤其珍貴。試想，一個人如果連自己的老婆孩子都毫不在乎，你還能指望他會真心真意地為老百姓謀福利嗎？

如果秦宜祿地下有知，有一件事可以安慰他那一顆傷痕累累的心——他的兒子秦朗在曹操那兒一直生活得很好。秦朗應該是個漂亮可愛，聰明乖巧的孩子，以至於曹操曾經非常驕傲的問大臣們：「世上有人像我這樣疼愛不是自己親生的兒子嗎？」曹操死後，曹丕、曹睿兩代皇帝也對秦朗信任有加，並且委以重任。

曹操的手段

曹操與劉備圍呂布於下邳，關羽屢請曹操，欲得秦宜祿妻。曹操疑其有色，及城陷，曹操見之，乃自納之，並養其子於後宮。

憶氏白話：

曹操和劉備把呂布包圍在下邳城中時，關羽幾次請求曹操在勝利之後將秦宜祿的妻子賞賜給他。曹操是個好色心細的傢伙，看到關羽的迫切，直覺告訴他秦宜祿的妻子可能是個大美女。攻破下邳城的時候，曹操終於見到關羽想要的那個女人，果然是天姿國色的人間尤物，於是他就先下手為強把大美女弄進他的後宮，為了討好大美女，他還把她的兒子秦朗也接進宮中扶養。

「懟」出來的「好兄弟」

在《三國演義》讀者的印象裡，馬超的老爸馬騰和韓遂一直是肝膽相照，同生死、共進退的「老鐵」[16]，其實在真正的歷史上他們兩人之間的關係遠沒有這麼簡單，也沒有如此和諧。

兄弟相爭

因為《三國演義》的作者總說「馬騰韓遂」，而不是「韓遂馬騰」，大家就想當然地認為馬騰是兄，韓遂為弟，但根據歷史記載來看，馬騰是小兄弟，韓遂才是

16 「老鐵」該詞是東北方言，通常用於對「哥們」、「朋友」的別稱，類似「鐵哥們」，用以形容朋友之間的關係非常好的死黨、朋友、兄弟的意思。

老大哥，而且韓遂的資歷比馬騰深得多。

韓遂原名韓約，早年一直在西涼官署任職，進京公辦時曾經建議大將軍何進誅滅宦官，但何進沒有聽從。西元一八四年，中原地區爆發了張角領導的黃巾之亂，涼州的羌人頭領北宮伯玉也趁機舉起反抗朝廷的大旗，並且綁架當時擔任涼州從事的韓約，韓約為求生被迫做了北宮伯玉的軍師。後來，韓約慢慢適應了這樣的生活，而且還憑藉著自己的軍事才能取代北宮伯玉，成了黃巾軍的領導者，從這時起，韓約就改名叫韓遂了。

在韓遂的指揮下，涼州起義軍攻城破郡，縱橫西涼，引起東漢朝廷和涼州各級政府的極大恐慌。為了更完美的平定叛亂，涼州刺史耿鄙命令各州郡招募勇士為國效力，前來應徵的勇士馬騰，從此登上歷史舞臺，這一年是西元一八七年。

馬騰的父親是個丟了官的縣級幹部，母親是涼州土生土長的羌族婦女，所以他也是個苦水裡泡大的孩子，從小就學會了砍柴謀生。幸運的是，苦日子並沒有影響馬騰的生長發育，他慢慢長成一個人高馬大的壯漢。

馬騰應徵入伍後，很快憑藉軍功升為軍司馬，但官兵們對起義軍的作戰在總體上卻是勝少敗多，就在這個時候，對將士們苛刻的耿鄙被手下砍了腦袋，馬騰見官兵一盤散沙，必敗無疑，就帶著手下投奔狄道人王國領導的漢陽起義軍。後來，為了攻取重鎮漢陽，王國的起義軍和韓遂的起義軍合兵一處，一同對官軍發動攻擊。遺憾的是，王國遭遇了名將皇甫嵩，吃了一場大敗仗，損兵折將，傷亡慘重，於是馬騰和韓遂聯手廢掉王國，另立涼州名士閻忠為主帥。閻忠病死之後，馬騰、韓遂這對當初的盟友開始爭權奪利，第一次從朋友變成敵人，不過，這時他們的衝突還沒有爆發。

兄弟反目

大奸大惡的董卓專權朝政時，馬騰、韓遂接受了朝廷的招安，但是當他們帶兵趕到京城長安時，董卓已經被殺，京城又成了董卓部將李傕、郭汜的天下。雖然董卓死了，李傕、郭汜倒也沒有賴帳，他們讓小皇帝封馬騰為征西將軍，駐兵郿地；封韓遂為鎮西將軍，駐兵金城。後來，馬騰向李傕提了一個不知什麼樣的私人要求，李傕沒有答應，於是馬騰的軍閥病發作了，他回到駐地立刻發兵進攻長安。韓遂聽到消息，展示出了關鍵時刻一致對外的作風，帶兵來為馬騰助陣。儘管兩人通力合作，在對方的強勢兵力下還是吃了敗仗，害得萬餘士兵命喪沙場。

李傕、郭汜很生氣，讓小皇帝分別把馬騰、韓遂貶為安狄將軍和安羌將軍，被貶官的馬韓二人遂在鬱悶之際成了患難之交，不但恢復往日的友好關係，還結成異性兄弟。

但這種因為利益而結成的聯盟很難維持長久。兩年後，馬騰的部下和韓遂的部下發生激烈矛盾，結果後者占了上風，馬騰認為是韓遂暗中指使的，於是就帶兵突襲韓遂大營，插了「老大哥」一刀，韓遂見馬騰如此不講義氣，也翻了臉，集合全部兵力向馬騰發起了復仇之戰。馬騰這下撐不住了，不但兵敗如山，還連累妻子和年幼的子女喪了命。至此，曾經的異性兄弟已經成了不共戴天的仇人。

之後的一年內，馬騰、韓遂互相攻打，各有勝負，涼州境內戰亂不息，生靈塗炭。在此期間，小皇帝幾經易手之後被曹操迎到許都，「挾天子以令諸侯」的時代悄然開啟。

再次握手言合

西元一九七年，曹操派使者調停馬韓之間的紛爭，馬騰和韓遂都很給曹操面子，他們放下屠刀，握手言和。為了保證涼州地區安定團結的局面，曹操把實力相對較弱的馬騰遷到了槐里（現在的陝西興平一帶），封其為槐里侯。

駐軍槐里之後，馬騰反省了自己過去的行為，認識到自己的過錯和罪責，開始善待當地的黎民百姓。老百姓的眼睛是雪亮的，誰對他們好，誰對他們不好，心裡明鏡兒似的，於是，槐里的百姓熱情宣揚讚頌馬騰的善政。曹操見到這局面，開始對深受百姓擁戴又坐擁重兵的馬騰有些不放心了。他讓小皇帝下旨徵召馬騰入京為官。儘管馬騰不願進京仰曹操鼻息過活，但君命不可違，他不得不把軍隊留給長子馬超統領，然後自己帶著馬休、馬鐵兩個兒子來到都城，這才有了馬騰父子三人在勢單力薄情況下被曹操全部殺害的悲劇。

按照《三國演義》裡的描寫，馬騰被害在前，馬超反曹在後，前者是因，後者是果，但是，從史書記載來看，馬超反曹其實是因，馬騰被害才是其果。

關於這兩件大事，真實的歷史是這樣的：

建安十六年（西元二一一年），曹操派大軍西出長安，準備借道馬超等西涼軍閥的地盤向漢中張魯發動進攻。馬超認為曹操此舉心懷叵測，意在假虞滅虢。經過一番利弊權衡之後，最終決定聯合韓遂等人共同起兵反抗曹操。

根據《魏略》的說法，馬超當時寫信給韓遂提到：「當初曹操部下的司隸校尉鍾繇要求我攻取你，但我沒有這樣做，因為我們不能聽信他們的話，現在正是生死存亡的關鍵時刻，我馬超應該放棄身在京都的父親，以韓將軍為父親，你也應當放棄在京都作人質的兒子，以超為子。」韓遂等人深知唇亡齒寒，孤掌難鳴的道理，同意了馬超的聯兵抗曹之議。於是，馬超、韓遂率領十萬人馬，浩浩蕩蕩進軍長安，一路上頻頻告捷，一直打到黃河岸邊的潼關。

在這種險惡形勢下，奸雄曹操親自掛帥出征，用離間計瓦解了敵人的軍心，使得對方各路將領，特別是馬超和韓遂互相猜疑，並藉此機會發起猛攻打敗了西涼聯軍。

雖然如此，曹操仍然對馬超的背叛「憤怒難平」，更令他憤怒的是，馬超退回西涼後又聯合其他軍閥圍攻為曹操效命的涼州刺史韋康，曹操一怒之下，下了狠手，逮捕並殺死在他身邊任職的馬超之父馬騰，以及馬超的兩個弟弟馬休和馬鐵。

亞美尼亞有馬超後人

東晉史學家孫盛的《蜀世譜》記載，馬超涼州兵敗後，他的叔叔馬翼（即馬岱的父親）和兒子馬抗等人與大隊人馬失去了聯繫，被迫一路向西，最後可能到達中亞一帶。

無獨有偶，據亞美尼亞古代著名歷史學家莫夫謝斯·霍列納齊著的《亞美尼亞史》記載，亞美尼亞的馬米科尼揚家族的始祖名為馬抗，於西元三世紀由中國遷徙而來。

這兩段史料一對接，亞美尼亞的馬米科尼揚家族極有可能是馬超家族的後人。

悲劇版的甄嬛傳——甄宓

眾所周知，《洛神賦圖》是東晉大畫家顧愷之的代表作之一，傳神地塑造了「翩若驚鴻」、「明眸善睞」的洛神形象。《洛神賦圖》根據三國時期第一詩人曹植的美文《洛神賦》畫成。《洛神賦》原名《感甄賦》，是以曹植所傾慕的女子——他的嫂子，魏文帝皇后甄宓為女主角而寫的。

甄宓既然被曹植想像成洛神的化身，自然是一個風華絕代的美女，當時就有「河北有甄宓，江南有二喬」的說法。遺憾的是，她雖貴為皇后，卻也沒有逃脫「紅顏薄命」的悲慘命運。

甄宓出生於東漢末年的中山無極（今河北省無極縣），父親甄逸做過上蔡令。甄宓在家中排行最小，上面有三個哥哥和四個姐姐，加上天生麗質，因此從小深受父母和哥哥姐姐的喜愛，但不幸的是，甄宓三歲時，父親便去逝。九歲時，甄宓迷上讀書寫字，在當時那「女子無才便是德」的封建社會裡這是不同尋常的事情，連她的哥哥都取笑她將來要當「女博士」。長大後，甄宓「貌豔麗，懂詩文」的名聲傳開了。

占據河北一帶的大軍閥袁紹聽說甄宓才貌雙全，遂為次子袁熙向甄家求婚。甄家應該是願意的，話又說回來，這樁婚事，就算是甄家不願意，也由不得他們拒絕。於是，甄宓變成了袁紹的二兒媳。婚後袁熙北上鎮守幽州，留甄宓在鄴都（今河北省臨漳縣）侍奉父母。

西元二〇〇年，「挾天子以令諸侯」的曹操在官渡（今河南省中牟縣）大敗當時實力最強的袁紹，此後，袁氏陣營的敗亡便一發不可收拾。

西元二〇四年，曹操舉兵攻下鄴都。曹操的長子曹丕聽說袁紹的二兒媳長得非常美麗，就率軍來到袁府，只見堂上坐著一位年紀較大的婦人，旁邊有一名年輕女子惶恐不安地伏在婦人的膝上，年長的是袁紹的遺孀劉氏，年輕的就是甄宓。曹丕告訴她們「曹丞相有命，要求保護袁府女眷，請大家不必擔心驚惶。」劉夫人聽了曹丕的話，稍為寬心，扶起甄宓與曹丕相見。

曹丕一看果然豔麗絕倫，愛慕不已。曹操知道之後，便把甄宓許給曹丕為妻。

婚後，甄宓關心丈夫，孝順公婆，而且生下兒子曹睿和女兒東鄉公主。曹操和夫人卞氏更喜歡她了，而曹睿作為曹丕的長子也被立為世子，成了曹丕將來的接班人。

西元二二〇年，曹操病逝，曹丕迫使漢獻帝將帝位禪讓給他，即位稱帝，建立了三國中的魏國，歷史上稱為魏文帝，曹睿則由世子成為了太子。本來甄宓可以順理成章地母以子貴，榮升為魏國皇后，卻沒想到等來的竟是一場殺身之禍。

當時，曹丕已經移情別戀迷上了郭妃。郭妃名照，字「女王」。這是因為她父親覺得她有「女中王」的氣度，因此為她取字為「女王」。郭女王不但年輕漂亮，而且精明、理智、冷靜，為曹丕奪取魏王世子之位多有助力，所以比甄宓更受曹丕寵愛。

和甄宓相比，郭女王有一個最大的劣勢，就是她沒有生下兒子。於是，她利用「曹睿是不足月生下來的早產兒」這個事實，誣衊甄宓是懷孕兩個月後才嫁給曹丕的（這一點讓人聯想到甄嬛懷子入宮），因此曹睿是否為曹家的骨肉引起了曹丕的懷疑。曹丕以此事詢問甄宓。甄宓本來就對曹丕寵愛新歡郭女王和李貴人、陰貴人等已經十分不滿，又聽說此事是郭女王從中挑撥，不禁怒火中燒，不顧一切地斥責曹丕對自己親生骨肉無端猜疑，有損曹門家風。甄宓的態度和指責讓身為皇帝的曹丕難以承受，幾乎發狂，結果殘酷地賜死曾經的最愛甄宓，把新歡郭女王立為皇后。

當年甄宓失寵後，寫下《塘上行》一詩，表達了一個妻子對丈夫相思成災，一往無悔的深情泣訴：

蒲生我池中，其葉何離離。
傍能行仁義，莫若妾自知。
眾口鑠黃金，使君生別離。
念君去我時，獨愁常苦悲。
想見君顏色，感結傷心脾。
念君常苦悲，夜夜不能寐。

莫以豪賢故，棄捐素所愛。
莫以魚肉賤，棄捐蔥與薤。
莫以麻枲賤，棄捐菅與蒯。
出亦復苦愁，入亦復苦愁。
邊地多悲風，樹木何修修。
從君致獨樂，延年壽千秋。

可憐甄宓最後等來的，是曹丕的一紙死令，甚至死後對她的屍身給以「以髮覆面、以糠塞口」的侮辱與淩虐……

五年之後，曹丕病死，曹叡即位為帝（歷史上稱為魏明帝），終於為他的生母甄宓平冤昭雪，並且追謚母親為「文昭皇后」。

神智美女甘夫人

一個河南人獻給劉備一尊三尺高的白玉美人像，劉備白天和將士們講說軍情謀略，晚上就和甘夫人坐在一起賞玩那尊美人像，而且常說玉是世上最珍貴的東西，所以人們常用玉來比喻君子，把白玉雕成人形，難道不可以用來玩嗎？

甘夫人看到劉備這個樣子，經常想把這玉人毀掉，於是勸誡劉備說：「當初子罕不把白玉當作寶，《春秋》對其大加讚美。如今國賊未滅，天下未定，怎麼能把這種妖物放在懷裡玩呢？荒淫惑亂會產生懷疑，希望你以後不要這樣。」劉備聽到甘夫人這番話，深感慚愧，於是把白玉美人搬走。

當時的君子們聽說此事，都對甘夫人大加讚賞，他們都議論甘夫人是位「神智婦人」。

歷史人物的救命稻草

同為四大名著的《水滸傳》在第三十一回有這樣一個情節：宋江從清風山下經過時，被山大王王矮虎捉上了山。王矮虎請來燕順和鄭天壽，準備把宋江開膛破肚，剖腹挖心，用他的心做醒酒湯喝。聞聽此言，捆在柱子上的宋江心生絕望，仰天長歎：「可惜宋江死在這裡！」燕順聽說此人是專愛結交天下豪傑、扶危濟困、義氣第一的及時雨宋江，連忙為其鬆綁，跪倒謝罪。宋江憑藉著義氣這根救命稻草，躲過了一場生死劫。

宋江在清風山的經歷自然是虛構的，但歷史上有好幾個異曲同工之妙的故事，而且故事的救命稻草各不相同。

因孝保命

兩漢之交有一個汝南人名叫蔡順，他少年喪父，和母親相依為命。當時正值王莽篡權，天下大亂，生靈塗炭，偏偏汝南又遇上饑荒，稻麥價格一路上漲，窮苦百姓根本無力購買，無奈之下，蔡順只得拾桑葚做為母子二人的食糧。

有一天，蔡順在拾桑葚時不幸遇到了造反的赤眉軍。他嚇得渾身顫抖，不敢言語，生怕一句話說得不對，把小命丟了，讓家裡的老娘失去依靠。一名眼神特別犀利的士兵，看了看蔡順的簍子，厲聲問道：「你為什麼把紅色的桑葚和黑色的桑葚分開裝？」

蔡順結結巴巴地回答：「黑色的桑葚是成熟的，讓老娘吃，紅色的桑葚還不成熟，留給我自己吃。」

赤眉軍聽了他的話，被他的孝心深深感動，不但沒找他的麻煩，還送給他兩斗白米、一頭牛，讓他帶回去供奉他的母親，以示敬意。

這個故事後來被寫進「二十四孝」，名曰「拾葚異器」。

因才保命

大約兩百年後，大學者鄭玄遭遇了和蔡順相同的困境。

建安元年，即西元一九六年，也就是曹操把漢獻帝接到許昌開始「挾天子以令諸侯」的那一年，鄭玄從徐州返回故鄉高密，沒想到在路上遇到大批黃巾軍洶湧而來，而且有人認出了鄭玄。

鄭玄是一位真正的名士，見到強盜當然不會像蔡順那樣心驚膽戰、口不能言，但難免忐忑不安。令人驚奇的是，黃巾軍卻對鄭玄十分尊重，「見玄皆拜，相約不敢入縣境」，原來他們有尊重知識份子（當官的當然除外）的軍規。本來這批黃巾軍是要攻打高密縣城的，卻因為遇到鄭玄這位大知識份子而放棄原先的計畫，鄭玄憑藉腹內的知識保護了自己，也為故鄉人民免去一場戰爭災難。

孝心救了蔡順的命；知識解了鄭玄的困，並且挽救了高密城的百姓；他們逢凶化吉的故事和宋江在清風山的經歷可謂殊途同歸，異曲同工，但經歷卻更接近宋江的，是跟鄭玄同時代的荀巨伯和唐朝的李涉。

因義保命

荀巨伯因為憑藉「朋友之義」這根稻草，救了自己的命。

荀巨伯從遠方千里迢迢趕到邊境探望生了重病的朋友，不料匈奴軍隊竟於此時攻進朋友居住的這座城池。

朋友對荀巨伯說：「我現在快死了，你趕快離開吧！不要無辜受傷。」

荀巨伯回答：「我遠道而來是為了照顧你，你讓我獨自逃生，就是讓我敗壞信義而求活命，我荀巨伯怎麼能這麼做呢？」

說話間，匈奴將領已經帶兵闖入了朋友家裡。他們驚奇地問守在朋友病床邊的荀巨伯：「大軍已經進城，全城人都在逃命，你是什麼人，竟敢獨自留下來？」

荀巨伯說：「我的朋友生了重病，我不忍心丟下他，寧願用我的性命替代他的性命。」

匈奴將領聽到這番話之後，禁不住感慨地說：「我們這些沒有道義的人，卻闖入了有道義的國家！」於是滿懷著對荀巨伯的敬意率軍撤退，全城人的生命財產因為荀巨伯的信義之舉得以保全。

因名保命

唐朝詩人李涉與宋江的相似之處，在於威脅他生命財產安全的，是和矮腳虎王英一樣的綠林強盜。

話說大唐長慶二年，即西元八二二年，在京城長安任職太學博士的李涉乘船南下，前往現在的江西九江，去看望擔任江州刺史的弟弟李渤。當船行至浣口（在今安徽潛江附近）時，忽然闖來一群打家劫舍的盜賊，一個個手執刀槍，兇惡地喝令他們停船。

船被迫停下後，劫匪大聲質問：「船上什麼人？」

船夫答道：「是李涉博士。」匪徒首領一聽船上之人乃是大名鼎鼎的詩人李涉，立即命令部下停止搶劫行動，並說出這樣一句光照歷史的話語：「如果真是李博士，我們就不打劫他了。不過我輩早就聽說他的詩名，希望他能給我們寫一首詩。」

忐忑不安的李涉聽罷此言，鋪開宣紙，寫下一首絕句：

井欄砂宿遇夜客

暮雨瀟瀟江上村，綠林豪客夜知聞。

他時不用逃名姓，世上如今半是君。

匪徒首領首得詩之後，喜出往外，不但沒搶李涉的錢財，反而贈送他許多財物。

孝心、知識、信義、才華都是看不見摸不著的無形之物，卻能在生死關頭戰勝冷冰冰、陰森森的刀槍劍戟。中華民族歷經五千年風霜雪雨，在沉浮於磨難之餘，猶自傲然屹立於世界民族之林，也應與人們對孝心、信義的堅守，對知識、才華的尊崇有密切的關聯。

三國孝子孟宗

三國時期，吳國江夏人孟宗少年喪父，自幼和母親相依為命，對母親非常孝順。

有一年，孟宗的母親生了一場大病，醫生囑咐要用鮮竹筍做湯，可是時值嚴冬，那時候又沒有冰箱，到哪裡去找鮮筍呢？孟宗無計可施，獨自一人跑到竹林裡扶著竹子哭泣。忽然，他聽到地面裂開的聲音，低頭一看，只見地上竟然長出數莖嫩筍。孟宗大喜，採回做了一鍋鮮筍湯，母親喝後果然病癒。

後人有詩云：「淚滴朔風寒，蕭蕭竹數竿。須臾冬筍出，天意報平安。」

《孔雀東南飛》背後的三國正史

親愛的朋友，如果說《孔雀東南飛》和《三國演義》有著非比尋常的密切關係，您會不會跌破眼鏡呢？

其實這並不是空口說白話，請聽我娓娓道來。

《孔雀東南飛》的故事背景

首先請看《孔雀東南飛》一詩的序言：

漢末建安中，廬江府小吏焦仲卿妻劉氏，為仲卿母所遣，自誓不嫁。其家逼之，乃投水而死。仲卿聞之，亦自縊於庭樹。時人傷之，為詩云爾。

建安是漢獻帝的第三個年號，始於曹操遷都於許的西元一九六年，終於曹丕建魏代漢的西元二二〇年，也正是曹操「挾天子以令諸侯」的那個時代。

值得一提的是，《孔雀東南飛》故事的發生地廬江府在建安時期乃是曹操陣營和孫權陣營激烈爭奪的軍事要地，多場慘烈戰役於此處發生，眾多三國名人在此駐足。

根據歷史學者馬伯庸先生的考證，劉蘭芝和焦仲卿雙雙殉情發生於西元二〇〇年，即曹操和袁紹在北中國展開官渡之戰的那一年。根據詩中劉蘭芝的自述「十七為君婦，心中常苦悲」和焦仲卿對母親所說的「共事二三年，始而未為久」來判斷，劉蘭芝投水自盡是在她二十歲左右，而焦仲卿「自掛東南枝」時應該與她年齡相仿。兩個推論放在一起，可以推算出劉蘭芝和焦仲卿生於西元一八一年左右，和諸葛亮、孫權年齡大致相當。

這一對苦命鴛鴦，從小到大親身經歷了三國時期的哪些重要事件呢？

孫策奪廬江

西元一八四年，張角掀起了席捲中國北部的黃巾大起義。廬江郡雖然位於南方，也受其影響陷入盜匪橫行的混亂狀態。這一年，焦仲卿和劉蘭芝還是牙牙學語、未諳世事的孩童。

正當廬江百姓即將流離失所，背井離鄉之時，朝廷派來一位能力超群又愛民如子的好太守，他就是三國名將陸遜的叔祖陸康。

陸康到任後，一方面安頓百姓，改善民生，一方面加強軍備，嚴格練兵，不久就憑藉著訓練出來的新兵平定了廬江郡內的大小盜匪。百姓對陸太守的豐功偉績充滿感激之情，廬江境內到處傳頌著陸太守勘亂救民的傳奇故事。

劉蘭芝與焦仲卿雖然不幸生逢漢末亂世，但他倆在某種意義上也是幸運的，因為陸康在他倆的家鄉廬江做了十年的太守，為廬江百姓帶來了長期和平而溫飽的生活。

遺憾的是，陸康為了百姓利益得罪了軍閥袁術，於是廬江郡在西元一九四年成了袁術進攻的目標。

袁術占據的九江郡就在盧江郡北面，他在攻打徐州的劉備時，向陸康獅子大開口，索要三萬斛軍糧。陸康看不起袁術這種禍國殃民的割據者，更不願給屬下百姓增加負擔，當然就婉言謝絕了袁術的要求。袁術聞言大怒，派剛剛來投誠的孫策帶兵攻打陸康，並且許諾如果孫策能拿下盧江郡，就任命他為盧江太守。

孫策當時迫切需要一個地方作為立足之本，便奉命打響了盧江爭奪戰。對於孫策來說，這實際上是一場攻堅戰，因為陸康深得民心、萬眾擁戴，就連正在休假的士兵都主動趕回城內為陸太守效命。但孫策不僅是一代名將，還是絕世勇將，在長達數月的對峙之後，他最終取得了這場戰役的勝利。

城破之後，陸康堅貞不屈，面北而逝，孫策則又一次被袁術欺騙。袁術沒有按照當初的承諾，把盧江郡歸入孫策名下，而是安排他的親信劉勳擔任盧江太守。這時歷史已經進入了西元一九五年，按照《孔雀東南飛》的描寫，正是劉蘭芝「十五彈箜篌」的那一年，也許她彈得正是懷念好太守陸康的曲子。

劉勳擔任了四年的盧江太守，這段日子相對比較安定，劉蘭芝和焦仲卿的婚禮就是在此期間舉行的，具體時間應該是西元一九七年。

盧江再引爭端

孫策當年雖然沒有得到盧江太守的位置，卻並未因此灰心喪氣、一蹶不振。他的鬥志反而被激發起來。在隨後的幾年內，孫策帶兵東進南下，攻伐征討，先後占據了丹楊郡、吳郡、會稽郡，將江東的大部分土地歸入了自己名下，接著他又將目光轉向盧江郡。

西元一九九年，劉勳接受孫策建議向南用兵，而孫策則採用「螳螂捕蟬，黃雀在後」之計，再次向盧江郡發起進攻。在這種情況下，結果就是明擺著——孫策占有盧江，劉勳無家可歸。這時，劉勳的後臺袁術已經死掉，他只好北上投奔老友曹操，一年後因為冒犯曹操而被殺。

孫策進入盧江後，安排了一個新太守，此人姓李名術，據馬伯庸推斷，替兒子向劉蘭芝提親的太守就是他。

李術是一個有政治野心的人，他努力和劉蘭芝家結親是別有目的的。為什麼這麼說呢？咱們先來看看《孔雀東南飛》中對劉蘭芝嫁妝的描寫：

妾有繡腰襦，葳蕤自生光。紅羅復斗帳，四角垂香囊。箱簾六七十，綠碧青絲繩。物物各自異，種種在其中。

顯而易見，劉蘭芝是一個大家閨秀，她身後矗立著廬江城裡的名門望族，而這正是上任的李術想要結交的對象。

儘管李術和劉家聯姻的計畫因劉蘭芝為情赴死而失敗，但他應該成功地籠絡了廬江城內的其他望族，而且他在和廬江官民交流時，很可能利用了他們對於陸康的懷念。正因為有了廬江民眾的支持和擁護，李術才在孫策死後做了一個不明智的大膽決定——和繼位的孫權翻臉對抗。

孫權沒想到李術會這麼快背叛他，更沒想到廬江民眾會和李術一起背叛他，他當時正是年輕氣盛之際，便一怒之下下達了血腥殘酷的屠城命令，為他的人生留下了一個大污點——

是歲舉兵攻術於皖城。術閉門自守，求救於曹公。曹公不救。糧食乏盡，婦女或丸泥而吞之。遂屠其城，梟術首，徙其部曲三萬餘人。

盧江屠城發生於西元二〇〇年中段，這時劉蘭芝和焦仲卿雙雙殉情的愛情悲劇過去了半年，不知正史中的屠城慘案降臨時，在文學史中那座松柏梧桐「枝枝相覆蓋，葉葉相交通」的情人塚上，雙飛的鴛鴦鳥會發出什麼樣的哀鳴……

孫權的鬍子

大將朱桓出征時，孫權親自為他送行。朱桓忽然端起酒杯說：「上天授予陛下聖人的容貌，應當君臨四海，委任重臣，來清除叛逆。如今臣就要離開陛下遠去，要是能摸一摸陛下的鬍鬚，臣死而無憾了。」孫權聞言微微地倚著案几，把腦袋伸了出去。朱桓上前捋鬚，感歎道：「今天總算可說是捋到虎鬚了！」孫權大笑。

後人以「捋虎鬚」比喻觸犯有權勢的人或冒著很大的風險。

諸葛亮之死被人忽略的一面

西元二三四年，一個秋風蕭瑟的日子，「鞠躬盡瘁，死而後已」的一代名相諸葛亮在北伐前線的五丈原含恨離世，空留下「出師未捷身先死，長使英雄淚滿襟」的千古遺憾。就在這一年的春天，一個與諸葛亮同齡的重要人物先他而去了，諸葛丞相之死和此人的意外辭世應該是有關係的，這個關係出人意料卻又在情理之中。

諸葛亮的同齡人

在揭開謎底之前，我們不妨運用電影蒙太奇的手法，回顧一下諸葛亮和他的這個同齡人青少年時期的人生遭遇。為了方便，暫且稱其為「同齡人」吧！

西元一八一年，諸葛亮出生於琅琊郡一個官宦家庭。諸葛家族是當地的名門望族，先祖諸葛豐在漢元帝時官至司隸校尉。諸葛亮的父親諸葛圭官任泰山郡丞，叔父諸葛玄後來擔任豫章太守。同齡人生於西元一八一年春的洛陽城，他出身於一個經濟非常富裕、地位非常高貴的不凡人家。

西元一八四年，也就是黃巾軍之亂的那一年，諸葛亮三歲時，母親章氏不幸病逝；五年後，父親諸葛圭也撒手人寰，把孩子們都留給了弟弟諸葛玄。同齡人的命運比諸葛亮還要悲慘，他剛剛出世，母親就被父親的大老婆毒死了，他在祖母的養育下長到八歲，然後，他的父親也在這時候永遠離他而去。

為了躲避黃巾軍掀起的戰亂，也為了謀取收入更高的官職養活自己和哥哥的孩子，諸葛玄接受了袁術的徵聘，南下豫章擔任太守。於是，正值少年的諸葛亮跟著叔父從北方的琅琊郡來到了鄱陽湖畔的豫章郡。後來豫章郡被朱皓攻占，諸葛玄就帶著一大家子人逃到劉表管理下的襄陽，此時歷史已經進入了西元一九六年。當時的襄陽穩定繁榮，正是適合隱居的好地方，這才有了後來隆中茅廬的臥龍先生。

同齡人的人生歷程也在這一年發生重大的轉折——他終於結束了顛沛流離、提心吊膽的逃難生涯，被彼時還算忠於漢室的曹操迎到欣欣向榮的許昌，開始了一段好像充滿美好未來的新路程。

行文至此，同齡人的身分已經非常清楚，他不是別人，正是東漢王朝最後一個皇帝漢獻帝劉協。

諸葛亮的心思

諸葛亮應該知道自己與當今皇帝同齡，當然也知道漢獻帝到達許昌後不久，就成了曹操手裡的提線木偶，所以他在長大成人後，寧願隱居隆中等待不可期的賢德之主，也不肯到不算遠的許昌去求取功名。大家肯定還記得諸葛亮在隆中時「每自比於管仲樂毅，時人莫之許也」的事情吧！試問他為什麼把自己比為管仲、樂毅，而不是功勳更著的蕭何、鄧禹呢？是諸葛亮不夠自信嗎？當然不是。管仲在輔佐齊桓公稱霸時打出的是深入人心的「尊王攘夷」之口號；而樂毅則是幫助燕昭王實現國家復興的關鍵人物，諸葛亮之所以自比於此二人，乃是因為他有著除殘去穢、復興漢室的偉大理想。那時候諸葛亮根本不認識劉備，甚至連劉備是誰都不知道，他想復興的漢室不可能是後來的蜀漢，只會是他的同齡人漢獻帝代表的東漢王朝。

諸葛亮心繫漢獻帝還有一個證據，那就是名震古今的隆中對。

咱們先來看一看魯肅版隆中對的結尾部分——

今乘北方多務，剿除黄祖，進伐劉表，竟長江所極而據守之，然後建號帝王，以圖天下，此高祖之業也。

而周瑜當初勸說魯肅選擇孫權時則說：

吾聞先哲祕論，承運代劉氏者，必興於東南，推步事勢，當其歷數。終構帝基，以協天符……

很明顯，他們都是想輔助孫權成就「帝業」。諸葛亮提出的正版隆中對卻頗不相同。他的表述是這樣的——

> 天下有變，則命一上將將荊州之軍以向宛、洛，將軍身帥益州之眾出於秦川，百姓孰敢不簞食壺漿以迎將軍者乎？誠如是，霸業可成，漢室可興矣。

諸位看到沒有？諸葛亮跟劉備談的可不是以「建號帝王」、「終構帝基」為目標的帝業，而是意在「漢室可興」的霸業，說得更準確點，乃是要效仿管仲輔佐劉備成就「尊王攘夷」的霸業。諸葛亮希望劉備尊的「王」不是劉備自己，只能是當時的天子漢獻帝。

西元二二〇年，曹丕代漢稱帝，建立魏國，民間盛傳漢獻帝已被曹丕殺害，諸葛亮椎心泣血之餘，只得退而求其次，與西蜀群臣一同尊奉劉備為帝，以繼漢統。

實際上，漢獻帝讓出帝位後並沒有被害，而是以山陽公的身分在如今的河南焦作雲臺山地區住了下來，他不願荒度餘生，就自學醫術，治病救人，開始了懸壺濟世的人生之路。這個消息後來肯定會傳到與魏國山水相連的蜀國（當時稱為漢國），一心恢復漢室的諸葛亮聞知此事會有何種心情，大家可想而知。

從二二八年到二三四年，諸葛亮先後六次北伐魏國，雖取得了一定的戰果，但始終未能揮師東進，直搗長安。第六次出兵祁山後，已過知天命之年的諸葛亮深感漢室復興之艱辛，歲月流逝之無情，繼之而來的戰事不順和疾病纏身使得他「韶華易去，英雄遲暮」的心緒越來越濃，越來越重。就在此年春天，諸葛亮的同齡人，東漢王朝的象徵漢獻帝不幸辭世了。在交通不便，消息封閉的三國時代，消息傳到北伐前線時，應該已經是夏末秋初時節。這個令諸葛亮痛徹心扉卻又無處訴說的噩耗成了壓倒一代名相的最後一根稻草，他在安排好了兩代接班人之後，東望著當年的大漢都城洛陽含淚而逝……

諸葛家族的龍虎狗

諸葛亮與他的親哥哥諸葛瑾、堂弟諸葛誕分別投效蜀、吳、魏三國，並且都是國家棟樑，名重一時。《世說新語》中說：「（南陽三葛，）蜀得其龍（指諸葛亮），吳得其虎（指諸葛瑾），魏得其狗（指諸葛誕）。」後人也用「南陽三葛」來形容能力不同的兄弟。

需要說明的是，此處的「狗」並沒有貶低之意，只是表示能力略遜於虎。而且，歷史上的諸葛瑾也是非常了不起的人物，遠非《三國演義》中的諸葛瑾可比。

曹丕終究步了親爹的後塵……

醫生委屈的甄夫人

魏文帝曹丕先後有兩個最愛，第一位姓甄名佚，後人習慣稱她為甄宓；第二位姓郭名昭[17]。曹丕的長子曹叡是甄后的親生骨肉，後來卻認了甄后的情敵郭后為母，這是怎麼一回事？

17　陳壽《三國志》沒有記載文德郭皇后真名，只記載「后少而父永奇之曰：此乃吾女中王也。遂以女王為字」。後世影視文學創作中多稱其名為郭嬛。或按北齊魏收《魏書》中記載「昭皇太后碑文，論後名字之美，比論」郭后，推測郭女王真名可能叫郭照，一說為郭昭。但「昭皇太后」並非高照容，當指昭太后。昭太后本名無記載。

當年袁紹占據了黃河以北和山東的大片土地後，把青、幽、冀、並四州分別交付給了長子袁譚、次子袁熙、三子袁尚和外甥高幹。彼時幽州城正處於胡漢衝突的前沿，袁熙和妻子甄氏不得不開始兩地分居的生活，然而他們沒有想到最後的那一次生離，竟然成了永遠的死別。

西元二〇四年，曹操的大軍攻占了袁紹陣營的中心城市鄴城，曹丕在袁府第一次見到甄氏，就對她一見鍾情。甄氏對曹丕什麼感覺，我們不得而知，但她身為戰敗方的女眷，除了服從，只有死亡一條路可選，彼時的她並沒有那樣的勇氣。

西元二〇五年，甄氏生下了一個男孩，就是後來的魏明帝曹叡。因為曹叡出生的日子距離甄氏被曹丕納入帳中的時間不夠遠，後世就有了「曹叡其實是袁熙的遺腹子」的說法，此說雖沒有充分的證據，卻也不能徹底地排除。

後來，不知是因為年長色衰，還是由於郭照的介入，還是由於其他原因，曹丕對甄夫人的寵愛漸漸轉淡，甚至消失了。

新寵郭夫人

郭照是在西元二一四年前後來到曹丕身邊的，她當時的身分只是一個歌妓，而且她還有一個讓別人替她膽戰心驚，讓曹丕為己欣喜若狂的字——女王。既然曹丕的女人是女王，曹丕當然認為自己應該是皇帝了。

郭照當然也是美女，但她讓曹丕最喜愛的是她的謀略。在曹丕和曹植爭奪世子之位的鬥爭中，郭照居功甚偉，這也成了她日後戰勝甄夫人的一個決勝關鍵。

西元二二〇年，曹丕強迫漢獻帝禪位給他，大漢滅亡，魏朝建立。曹丕稱帝後，郭照被封為後宮之主，地位超過甄夫人。已經為曹丕生下一兒一女的甄夫人自然心有不甘。更糟糕的是，她在某一天發出怨言，而且傳到了曹丕耳中。這時，曹丕的心裡已經只有郭照，容不下甄夫人了。他聞言龍顏大怒，下旨賜死甄夫人，據說甄夫人被安葬時，「披髮覆面，以糠塞口」，令人不忍卒視。

甄夫人被賜死時，她的兒子曹叡已經十八歲了，眼見親生母親慘死的苦痛可謂椎心泣血，此恨何極！但這只是命運對他的第一次殘酷考驗。

古語曰：「愛屋及烏」，反之亦然，曹丕不但賜死了甄夫人，還把怒火發到曹叡身上，將曹叡從齊公降為平原侯。

曹丕一直期待郭照為他生下一個兒子，但郭照的肚子極其不爭氣，別說兒子，連個女兒也沒生出來。在這種情況下，曹丕向曹叡祭出了命運的又一個殘忍考驗，他下詔命令曹叡以對待生母之禮侍奉郭照，並將此作為是否立曹叡為太子的重要參考因素。曹叡為了保住自己的性命和前途，不得不把滿腔仇恨壓在心底，每天早晚去給郭照問安，如果郭照身體有恙，他還要像照顧親生母親一樣端湯奉藥。想想曹叡那幾年痛苦而隱忍的準太子生涯，他真是活得萬分無奈，可憐至極！

曹叡是曹丕的長子，而且他在政治能力、文學才華方面和老爸很像。這是曹丕始終沒有放棄他的重要原因，他對於郭照的謙恭孝順，最終讓他獲得曹丕的認可。

曹叡還是步了老爹的後塵

西元二二六年，曹丕在病逝前不久宣布立曹叡為太子。幾個月後，曹叡繼位登基，是為魏明帝。曹叡終於有機會為慘死的母親甄夫人平冤昭雪了，甄夫人被追封為文昭皇后，她的家人也獲得了大量封賞。因為郭照對曹叡還算不錯，曹叡並沒有和她為難，而是照例將其尊為皇太后供養起來。

魏明帝曹叡對於他老爸的皇后郭照是以德報怨，對於他自己的皇后卻是以怨報德。

曹叡的皇后姓毛，夫妻二人婚後一直舉案齊眉，琴瑟和諧，可最後的結局卻令人意外。

曹叡在繼位稱帝後，並沒有把他的正妻——太子妃虞氏立為皇后，而是讓毛夫人坐上皇后之位，這足以證明他對毛皇后的寵愛。當時虞氏惱羞成怒，竟然對著卞太后（太皇太后，曹操正妻）大放厥詞，詛咒曹魏江山。曹叡大怒，將虞氏趕回鄴城舊宮，永世不再相見。

在此後的十年間，曹叡對毛皇后一如既往地關愛有加，並且愛屋及烏地給了她的家人很多封賞，以至於讓她那忽然榮升列侯的父親留下了自稱「侯身」的笑話。

厭棄毛皇后

事態的變化應該發生在西元二三五年，郭太后駕崩之後。在此之前，魏明帝一直對郭太后的管束有所顧忌，這時終於可以按照自己的性子任意行動了，於是他開始沉迷聲色，大興土木。毛皇后應該是一個深明大義的女子，面對日漸驕奢的皇帝丈夫，她肯定會不時地進諫，提醒他躬行節儉，愛惜民力，正在興頭上的魏明帝當然對她越來越反感，甚至越來越厭惡。

既然毛皇后如此「不識趣」，魏明帝自然就把更多的寵幸給了別的妃嬪，特別是她非常喜歡的郭夫人。郭夫人是和毛皇后同一年進入太子宮的，她出身於河西名門望族，而且容顏出眾、歌舞俱佳，一直深受曹叡喜愛。雖然魏明帝寵愛郭夫人，但郭夫人並非那些喜歡專寵的小心眼女性，她有時候會提醒皇上要和皇后同樂，卻無意中戳著了曹叡的煩心處，以至於讓曹叡更加討厭毛皇后，結果釀成了另一個曹魏後宮大悲劇。

西元二三七年的九月十五日這一天，魏明帝曹叡在城北的御花園大排筵宴，命令才人以上的後宮妃嬪前來陪王伴駕，宴飲歌舞。

面對著御花園內的良辰美景，輕歌曼舞，郭夫人又想起後宮之主的毛皇后。她委婉建議皇帝把皇后請來共度美好時光，魏明帝不願被皇后知道他又在盡情地享樂，以免她再次為此進諫，因此他不但拒絕了郭夫人的好意，而且嚴命參加宴會的人要對皇后保守這個祕密，否則格殺勿論。

毛皇后無意中聽說了魏明帝在御花園歌舞宴飲的事情，可她並不清楚皇帝所下的那個禁令，所以她在夫妻二人見面時，順口問丈夫九月十五日那天在城北御花園玩得怎麼樣，這一下可捅了致命的馬蜂窩。

魏明帝怒不可遏，他既懷疑當天參加宴會的人走漏了風聲，又疑心毛皇后派人跟蹤他，於是大發雷霆，先殺死他認為和皇后暗中交接的十幾名與會者，然後又下旨賜死毛皇后。

毛皇后可能至死也不明白，為什麼曾經柔情蜜意的丈夫變成了翻臉無情的陌生人，但她定然想起十六年前婆婆甄夫人被公公魏文帝賜死的悲慘一幕。

親生母親被賜死時，曹叡肯定在心底恨極了喜新厭舊、冷酷殘忍的魏文帝曹丕，說不定他曾暗暗發誓，要求自己絕不做父親那樣的絕情男人，然而，他還是在十六年後步了自己親爹的後塵。

為什麼會這樣呢？如果曹魏皇室出於忌諱掩蓋了關鍵部分的歷史真相，那曹丕、曹叡父子的殘酷行為也許還可以理解，如果歷史真實和史書記載基本相符，甄夫人和毛皇后即使有過錯也絕對罪不至死呀！曹丕和曹叡父子二人怎麼會都這樣絕情至極呢？此中情形，值得後人深思……

年號是什麼

年號是中國封建王朝用來紀年的一種名號，一般由皇帝發起。先秦至漢初無年號，漢武帝即位後首創年號。始創年號為元狩，並追稱「元狩」以前年號為「建元」「元光」「元朔」，此後形成制度。歷代帝王遇到「天降祥瑞」或內訌外憂等大事、要事，一般都要更改年號。一個皇帝所用年號少則一個，多則十幾個。如，唐高宗有十四個；明、清皇帝大多一人一個年號，故後世即以年號作為皇帝的稱呼，如永樂皇帝、康熙皇帝等。

年號制度發端於中國，後來朝鮮新羅在六世紀、日本在七世紀後期、越南在十世紀都因為受到中國的影響，開始使用年號。

孫權：讓我寂寞一下就好

南宋大詞人辛棄疾曾經在《南鄉子．登京口北固亭有懷》中寫下千古傳頌的名句：「天下英雄誰敵手？曹劉，生子當如孫仲謀。」

這幾句詞固然氣勢磅礡、激昂豪放，但總感覺曹操和劉備有點大人欺負小孩的味道。實際上也確實如此。

少年英雄孫權

無論是在二百年來的京劇舞臺上，還是在上世紀流行的連環畫裡，或是電視劇中，孫權和曹操、劉備都是年齡不分上下的中年人，但他們其實是兩代人。換句話說，曹操、劉備的年齡完全有資格做孫權的父親。

下面咱們就以孫權為時間軸，來聊聊三國名人的年齡問題。

孫權生於西元一八二年，那年父親孫堅二十七歲，哥哥孫策正是七歲的孩童。

按照現在的說法，孫權應該被稱為八十後，有趣的是，與他同屬八十後的三國名人都是超重量級的，不是皇帝就是宰相。在他之前有比他早一年出生的漢獻帝和諸葛亮，在他之後則有生於西元一八三年，晚年曾任東吳丞相的陸遜，以及生於西元一八七年的曹丕。

七十後和八十後一樣人才濟濟，代表人物是恰好在七十年代中期出生的三個帥哥：周瑜、孫策和楊修，知道周瑜和孫策為什麼那麼好了吧！他倆不僅志同道合，才華相當，而且有可能是同年同月出生。比他們年長的七十後三國名人也有三位：郭嘉（生於西元一七〇年）、魯肅（生於西元一七二年）、諸葛瑾（生於西元一七四年），和周瑜、魯肅、陸遜並稱東吳四大都督的呂蒙則生於西元一七九年。

歷史上，二、三十歲的孫權曾經撫過大他三歲的呂蒙的背，也撫過大他七歲的周瑜的背，甚至撫過大他十歲的魯肅的背，此情此景，不禁讓人腦海浮現這樣的話：有權就是面子大！

看到此處，有人可能好奇：和孫策武藝相仿，惺惺相惜的太史慈怎麼沒在七十後群星中現身呢？原因很簡單，因為他屬於六十後，而且是生於西元一六六年。如果現在問您孫策和太史慈誰更厲害，您的答案是不是已經很明確了？要知道，雖然他倆在比武時旗鼓相當、不分勝負，可是太史慈比孫策足足大了九歲呀！

在六十後三國名人群體中，還有一個在能力、地位和名氣都和太史慈百分百相當的人物，他就是生於西元一六九年的五子良將之一——張遼。張遼、太史慈之外，三國演義最核心的一組人物劉關張也屬於六十後。具體地說，劉備生於西元一六一年，張飛比他小一些，演義中的關羽比他小一點。但是歷史上的關羽可能比劉備大一點。劉關張的四弟趙雲應該也是六十後，即使有人認為在歷史上他似乎比劉備還要大，按理說也大不了多少。

六十後還包括一位三國名人，他就是堪稱「曹操身邊的諸葛亮」的荀彧。諸葛亮比劉備小二十歲，他倆是典型的「忘年君臣」，荀彧和曹操之間的年齡差距雖然沒那麼大，但也有些忘年的色彩。

荀彧生於西元一六三年，曹操比他年長八歲，生於西元一五五年，恰好和孫權的父親孫堅同庚，這也就怪不得曹操會對孫權發出這樣的感歎：生子當如孫仲謀！

曹操以「生子當如孫仲謀」一語稱讚孫權發生在西元二一三年，那一年，孫權正在值「寂寞初體驗」時期，因為彼時他最欣賞的周都督周瑜已經離世三年了。

英年早逝的英雄

遙想當年，二十六歲的孫權與四十七歲的劉備聯兵抗曹，領導著三十三歲的周瑜、三十六歲的魯肅，二十九歲的呂蒙、二十七歲的諸葛亮和關羽、張飛、趙雲等謀臣武將在赤壁一帶以火燒戰船的神機妙計，大敗五十三歲的曹操率領的幾十萬大軍，在中華民族的歷史寫下了風雲激蕩、濃墨重彩的一筆。當此之際，「亂石穿空，驚濤拍岸，卷起千堆雪」，「談笑間，強虜灰飛煙滅」，那是何等氣勢，何等豪邁！

遺憾的是，赤壁之戰後的第二年，周瑜就英年早逝了，「外事不決問周瑜，內事不決問張昭」的東吳三駕馬車少了最有活力的一匹駿馬，孫權失去了一個臂膀。

好在還有魯肅，雖然子敬兄是個身上沒有武功的書生，領起兵打起仗來卻也是毫不含糊，《三國演義》中關雲長單刀赴會嚇得魯肅渾身發抖實在是藝術的虛構，實際上隻身闖虎穴的，正是被羅貫中描寫成膽小鬼的這個魯大夫。

就像韓國青瓦台似乎有個魔咒一樣，東吳大都督這個位置彷彿一直被一個咒語控制著，周瑜在任上離世，魯肅也步了他的後塵，然後是繼任的呂蒙。

魯肅逝世是在二一七年，三年後呂蒙因病故去，孫權眼見自己的股肱之臣一個個在年富力強之時撒手人寰，既悲痛又惋惜，同時還有越來越深的寂寞感，因為理解他的宏圖偉略並能為他運籌帷幄的人物越來越少了。

呂蒙去世的這一年，孫權還失去了一個既是知己又是對手的故人，誰呢？曹操。兩年後，他的另一個老對手劉備也駕鶴西歸了。時至此際，當年在赤壁鏖兵的英雄們就只剩下孫權和成都的諸葛亮了。

陸遜的出現對於孫權是個莫大的安慰，幾乎同齡的他倆在各自的後半生中有著舉足輕重的地位，這也造成陸遜晚年的人生悲劇。

再無敵手與知己

西元二二六年，魏文帝曹丕駕崩，孫權放眼宇內帝王寶座發現已經沒有他的對手了，寂寞的同時也有了更大的自信，於是在二二九年登基稱帝，將年號改為黃龍。

孫權稱帝後，封陸遜為上大將軍，並讓他輔佐太子孫登。陸遜和孫登建立了深厚的師生情、君臣情，原本有望共創一番大業，卻不料孫登英年殞命，空留遺憾。

此後，孫權立另一個兒子孫和為太子，後來卻又覺得魯王孫霸更適合接班繼位，結果引起了兩宮激烈的儲位之爭。陸遜是一個非常正統的人，不願意看到太子無端易位這樣的事情，孫權一見自己視為股肱的陸遜反對他的想法，心中大為不滿，幾次派人找陸遜的麻煩。陸遜憂悶成疾，不久便鬱鬱而逝。

陸遜離世的這一年是西元二四五年，到此時為止，在年齡和資歷上可以和孫權相比的就只剩下老謀深算的司馬懿了。孫權在為自己的龍體而驕傲的同時，肯定也感受到來自回憶深處的孤獨寂寞……

士別三日，當刮目相待

當初，孫權對呂蒙說：「你現在指揮千軍萬馬，不可以不讀書。」呂蒙辯解說不是他不讀書，而是軍中事務太多，沒有時間。孫權說：「我難道是要愛卿你研究儒家經典，去當教書匠嗎？只不過希望你大略有個印象，知道從前發生過什麼事就夠了。如果說沒有時間，誰能比我更忙？我還常常讀書，自以為大有裨益。」呂蒙於是開始求學。

後來，魯肅路過尋陽（在今湖北省武穴市東北），跟呂蒙一起談古論今，不由得大吃一驚，說：「你今天的才識智略，已不是當年的吳下（指吳縣，在今江蘇省蘇州市）阿蒙了。」呂蒙說：「士別三日，當刮目相待，大哥發現得未免太遲了！」魯肅遂拜見呂蒙的娘親，和他結為好友。

第六章

三國殺

穩住，我們能贏

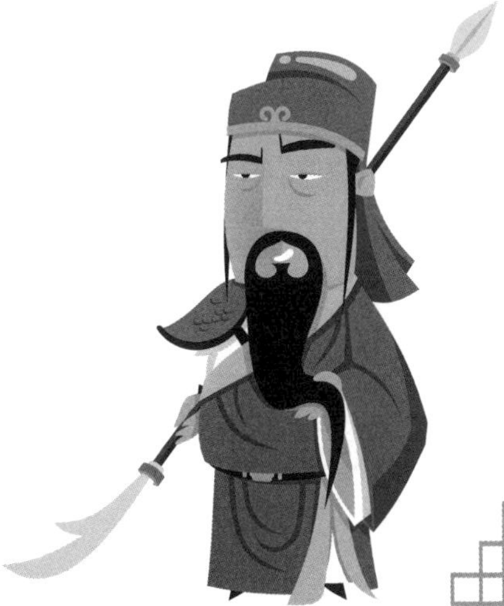

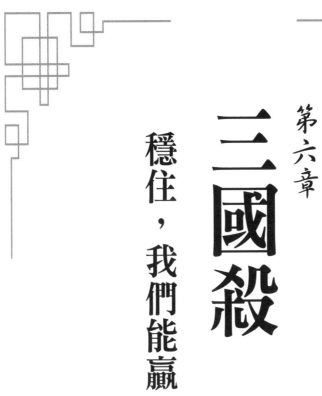

愛國者趙苞：我為自己代言

《三國演義》中有十個禍國殃民的壞宦官，稱為「十常侍」。大家都很熟悉，趙忠就是其中之一。這裡要說的趙苞和趙忠是堂兄弟，但他的為人卻與堂兄趙忠有著天壤之別。

是金子總會發光

趙苞生活在東漢後期的漢靈帝時代。那時，外戚和宦官交替把持朝政，將朝廷上下搞得一團糟，皇帝則醉生夢死，賣官鬻爵，享受著最後的瘋狂盛宴。農民暴動的熊熊烈火正在地下奔騰翻滾，等待著噴湧而出的地穴，而境外的鮮卑、烏桓等游牧民族也虎視眈眈地覬覦著風雨飄搖的大漢王朝。

趙苞，字威豪，出生於甘陵東武城（今河北清河、山東武城和夏津交界處），他從小就有著「修身、養性、齊家、治國、平天下」的遠大理想，少年時即以勇武好義，孝順父母而名揚鄉里，並被州郡長官舉薦為孝廉。東漢時期還沒有科舉取士制度，讀書人若想步入仕途，有兩條路可走：舉孝廉或舉茂才。「茂才」就是我們熟悉的秀才，東漢時為避光武帝劉秀的名諱而改為茂才。不久，朝廷派趙苞到廣陵（今江蘇揚州市）擔任縣令，他終於可以為民造福，為國盡忠，施展自己遠大的抱負了。

趙苞的堂兄趙忠當時已是深受漢靈帝信賴的「十常侍」的領頭羊之一，負責掌管朝廷文書，傳達皇帝詔令。他和另一個大宦官張讓狼狽為奸，把持朝政，把昏庸的皇帝玩弄於股掌之間，許多官員巴結「十常侍」，而潔身自好的趙苞卻覺得趙忠的飛黃騰達是趙家的奇恥大辱，不但不逢迎巴結，而且以跟趙忠來往為恥。

不過，金子總是會發光的，即使在天下大亂的東漢末年也不例外。任職廣陵的六年期間，趙苞一身正氣，兩袖清風，深受百姓愛戴，而廣陵境內則政教清明，國豐民富。趙苞的政績得到朝廷的肯定，他在熹平六年（西元一七七年）被提升為遼西郡太守。

英雄母子

和秦朝及西漢時相比，東漢的遼西郡面積已經大大縮水了，因為原遼西郡的東北部被新興起的烏桓政權占為己有，而東南部則建立了遼東屬國。趙苞到任之後，積極修繕城池，訓練將士，開墾土地，安撫百姓，整個遼西呈現萬眾一心、同仇敵愾的氣勢，鮮卑等境外游獵民族也不敢輕易進犯。

鮮卑族的酋長知道自己遇上了一塊難啃的硬骨頭，就開始撇開陽謀玩陰謀，在趙苞周圍的人身上花心思。

按照東漢時期的官僚制度，地方官到任的第二年就可以把親人家屬接到身邊共同生活。不幸的是，當趙苞派人去家鄉接老母和妻子時，消息傳到敵方酋長的耳中。於是他們設下一個陰險狠毒的計謀。

那年冬天的十二月，趙苞的老母和妻子乘坐的馬車趕到了離陽樂城（遼西郡政府駐地）不遠的柳城境內（今屬河北昌黎），這時，一隊鮮卑騎兵忽然現身，以迅雷不及掩耳之勢劫走了趙苞的親人。陰謀得逞的鮮卑酋長大喜過望，狂笑數聲，而後立即下令押著趙苞的母親、妻子做為人質去攻打陽樂城。

趙苞率兩萬兵出城與鮮卑人對陣，卻萬萬沒想到自己的母親和妻子已經落入敵人手中。鮮卑人把趙苞的親人推到陣前，威脅母親向兒子喊話勸降。

趙苞見母親被綁不禁心如刀絞，五臟俱焚，突然他精神一振大聲對母親說：「為子無狀，欲以微祿奉養朝夕，不圖為母作禍。昔為母子，今為王臣，義不得顧私恩，毀忠節，唯當萬死，無以塞罪。」

趙苞的母親深明大義，遠遠地大聲對兒子喊道：「威豪！人各有命，何得相顧，以虧忠義！昔王陵母對漢使伏劍，以固其志，爾其勉之！」之後，趙苞含淚下令進攻。鮮卑酋長原以為趙苞這個孝子會為了讓母親活命而低頭投降，就沒做打仗的準備。所以，這時的鮮卑人根本經不住東漢軍兵的衝殺，頓時陣腳大亂，紛紛後退，一直逃到燕山以北才敢停下來喘口氣。氣急敗壞的鮮卑酋長在潰逃的路上殺害了趙苞的母親和妻子。

忠孝感動天地

打退敵軍之後，悲痛欲絕的趙苞將親人的屍身裝殮起來，泣血祭奠。然後，他向朝廷上奏本章，請求允許自己護送母親和妻子的棺柩歸葬故里。漢靈帝雖然昏庸，也被趙苞母子的事蹟深深感動，他派使臣前來弔唁，並下聖旨封趙苞為鄃侯（鄃，古地名，在今山東夏津附近）。

趙苞回鄉辦完喪事之後，痛心地對鄉親們說：「吃國家俸祿的官員如果因為私利而逃避職守算不得忠，犧牲母親而保全忠義氣節算不得孝。在忠孝不能兩全的情況下，母親為我而死，我感到非常愧疚，還有什麼面目活在世上呢？」接下來的日子裡，傷心過度的趙苞不停地嘔血，終因心力交瘁而離世。

民族英雄趙苞捨親盡忠，捨命全孝的悲壯經歷不僅在當時讓在場者垂淚，耳聞者歎息，兩千年後的我們讀之亦是盪氣迴腸。

深明大義的母子

趙苞見母親被綁不禁心如刀絞，五臟俱焚，突然他精神一振大聲對母親說：「為子無狀，欲以微祿奉養朝夕，不圖為母作禍。昔為母子，今為王臣，義不得顧私恩，毀忠節，唯當萬死，無以塞罪。」

趙苞的母親深明大義，遠遠地大聲對兒子喊道：「威豪！人各有命，何得相顧，以虧忠義！昔王陵母對漢使伏劍，以固其志，爾其勉之！」

憶氏白話：

趙苞見母親被綁不禁心如刀絞，五臟俱焚，突然他精神一振大聲對母親說：「兒子不孝呀！本來想把母親接到身邊，用微薄俸祿奉養您老人家，沒想到卻為您招來了災禍。以前我只是您的兒子，現在兒子首先是國家的臣子，然後才是您的兒子，兒子不能因為母子恩情而不顧國家大義做一個不忠之人呀，將來兒子只能以死來向母親謝罪了。」趙苞的母親深明大義，遠遠地大聲對兒子喊道：「威豪！這是娘的命，你不能因為救我而放棄忠義之責！以前王陵的母親伏劍自殺，以激勵兒子為漢王劉邦效命，你要用這個故事自我勉勵呀！」

斬華雄戰呂布的竟然是他

在回顧當年關東諸侯討伐董卓的經歷時，曹操寫下了這樣的詩句：

關東有義士，興兵討群凶。
初期會盟津，乃心在咸陽。
軍合力不齊，躊躇而雁行。
勢利使人爭，嗣還自相戕。
……

雖然討董的軍事行動因為「軍合力不齊」、「勢利使人爭」等原因最終歸於失敗，但其間還是出現幾位英雄人物，例如曹操。

曹操彼時三十五歲左右，猶自懷著一腔忠君救國的熱血，和後來那個挾天子以令諸侯的白臉奸臣不可同日而語。他不肯像絕大多數諸侯一樣按兵不動，終日縱酒，而是親自帶領招募來的義軍向董卓發動攻擊。

在一般人的印象中，好像非正義的軍隊都是一觸即潰的烏合之眾，實際上並不是這樣。曹操就遇到董卓手下一支特別能打的軍隊，領軍者名叫徐榮。一來由於徐榮的兵馬多於曹操，二來由於徐榮的軍隊久經戰陣，而曹操帶領的是一支剛剛招募的新軍，結果曹操被徐榮打得一敗塗地，傷亡慘重，連他自己都被敵箭射傷，多虧遇到忠心護主的曹洪才逃得一條活命。

雖然曹操吃了敗仗，但他並沒有因此一蹶不振，返回關東聯軍大營後，他苦心孤詣地勸說駐紮在那兒的諸侯協同作戰，聯手破賊。可是沒有人願意聽從，最後，曹操不得不東下揚州重新募兵，準備繼續為大漢朝鞠躬盡瘁。

當時和曹操一樣奉行實幹精神的還有一個人，他就是孫堅，而且孫堅的戰績遠勝於曹操。

孫堅在和董卓軍交戰時也曾吃過敗仗。那次失敗不但讓孫堅損失了四員大將中的祖茂（另外三位是程普、黃蓋和韓當），還致使大批將士被俘、慘死。但孫堅的鬥志比曹操還要堅定，他召集起失散的兵將，又一次走上討伐董卓的戰場。

孫堅軍和董卓軍之間的轉折性戰役發生在陽人城（在今河南汝州境內）一帶，孫堅先是堅守不戰，等到對方攻城失利，疲乏鬆懈時，他出其不意地打開城門，指揮著將士們以不可阻擋之勢衝向敵軍，結果把董卓軍殺得抱頭鼠竄，四散奔逃，並且斬殺董卓手下的一員大將，這員大將不是別人，正是在《三國演義》裡死在關羽刀下的華雄。

陽人一戰讓董卓見識了孫堅的厲害，他繼而改變了策略，派李傕前來講和，不但要跟孫堅結成兒女親家，還許諾安排孫家子弟擔任刺史、郡守等職。孫堅不為所動，大罵董卓，嚴詞拒絕。孫堅的這一壯舉令人想起後來關羽拒絕孫權提親時的歷史性時刻，但其實二者有著天壤之別，不可同日而語。

隨後，兩軍在洛陽城外展開了大決戰，儘管董卓老賊親自上陣指揮，最終他的主力還是被孫堅率領的軍隊打得落荒而逃。這時，曹操、王匡等諸侯群起回應，表示要與孫堅一同兵發洛陽，和董卓血戰到底。董卓被關東聯軍的氣勢嚇壞了，強迫小皇帝和文武百官跟隨他放棄洛陽，前往長安，同時安排呂布駐守洛陽負責斷後。

呂布雖為一代驍將，卻也窮於應付董卓大敗，軍心惶惶的境況，在孫堅的淩厲攻勢之下，不得不帶兵撤出洛陽。孫堅進入洛陽之後，祭掃宗廟，修繕皇陵，一片忠心，蒼天可鑑。

讀至此處，肯定會有讀者發出這樣的疑問：既然華雄是被孫堅斬殺的，呂布也是被孫堅逼退的，那麼，劉關張三兄弟在關東諸侯討董卓之戰中做了什麼呢？很遺憾地告訴大家：什麼都沒做，因為他們沒有參與董卓討伐戰，此時正跟隨著公孫瓚在平定第二次黃巾之亂的戰場上。在《三國演義》裡，公孫瓚名列討伐董卓的十八路諸侯之一，在真實的歷史上，他並沒有參加這次行動，同他情況相似的還有孔融、馬騰和陶謙，也就是說實際上是十四路諸侯討董卓。

這十四路諸侯中，真正一心為國的實幹家只有孫堅和曹操，而後來正是他們二位的後人，分別建立了三國之中魏和吳兩個政權。因此從某種意義上說，孫堅和曹操在討伐董卓時的實幹精神，已經為其家族未來的發展埋下不可忽視的伏筆。

試想一下，如果劉備和關張二將也在討伐董卓的歷史現場，他們肯定會像孫堅

他就是傳說中的白馬將軍

如果讓大家從三國名將中選一位白馬將軍，大家可能會想到英武神勇的趙雲、馬超，也可能會想起少年英豪的周瑜、陸遜，但正確答案並非以上四位帥哥，而是出乎大家意料之外的公孫瓚。要知道，人家公孫太守當年也是男神一尊呢！

年輕時候的公孫瓚不僅高大英俊，而且聲若洪鐘，才智過人，又出身名門，可謂典型的高富帥。這樣的男神誰見了會不喜歡，這樣的青年才俊誰見了不想當他老丈人呢？涿郡的劉太守自然也不例外，他一眼就相中公孫瓚，立即想辦法讓這個帥哥當自己的女婿，並且安排公孫瓚做了自己的機要祕書。

就在公孫瓚夢想著在老丈人的幫助下「好風憑藉力，送我上青雲」時，他的岳父不知為何犯了重罪，被發配遙遠偏僻的交州日知。這個地方有多遠，說出來肯定會嚇你一大跳——那就是現在的越南境內。公孫瓚面臨突如其來的人生重大變故，他沒有選擇逃避，更沒有落井下石，而是裝扮成負責押送的士兵保護著囚車裡的岳父南下交州。幸運的是，走了沒有多少日子，劉太守就因為朝廷大赦恢復了人身自由。

東漢王朝是以孝治天下的，公孫瓚對岳父的孝義之舉，得到人們的高度讚揚和熱情傳誦，他隨即被推舉為孝廉，不久就被任命為涿縣縣令，開始了獨當一面的政治生涯。

三白馬將軍屢建戰功

東漢後期，鮮卑、烏桓等游牧民族的勢力範圍已經越過長城，達到了幽州東部和北部。因此，涿縣已經成了當時的戰爭前沿，不時受到鮮卑、烏桓騎兵的侵擾。漢靈帝光和年間（西元一七八～一八三年），漁陽（今北京市密雲縣）人張純勾結遼西烏桓首領丘力居發動叛亂，幽州東北部一帶當時頗有詩人李賀筆下「黑雲壓城城欲摧」的情景。戰事十分緊張，老百姓陷入水深火熱的戰亂之中。在這種形勢下，東漢朝廷徵發了三千精銳騎兵讓公孫瓚統帥禦敵，並且授予他都督行事的符節。

公孫瓚率領三千騎兵在石門與張純、丘力居的叛軍展開激戰，叛軍大敗，向東逃竄。公孫瓚帶兵追擊時，由於孤軍深入，不幸被丘力居圍困於遼西管子城。公孫瓚和他的部下拼力死戰，在付出重大代價後，逼得糧食斷絕的叛軍不得不退守柳城。這一戰讓公孫瓚名聲大震，朝廷升任他為騎督尉，封都亭侯。後來，烏桓的另一個首領貪至王率眾來降，公孫瓚因此升為中郎將。

此後的五、六年間，公孫瓚多次帶兵與鮮卑、烏桓作戰，戰功卓著，名震邊塞，鮮卑、烏桓各部落都被公孫瓚的勇猛震懾住了，再也不敢前來進犯。公孫瓚非常喜愛白馬，每次都和他身邊的精兵強將騎著白馬衝鋒陷陣，英勇殺敵，邊地的軍民於是尊稱他為「白馬將軍」。

人生突遇轉折

就在公孫瓚事業蒸蒸日上，精神意氣風發的時候，朝廷派來了一位「不速之客」——幽州牧劉虞。劉虞是一個很正派的人，但他的到來令公孫瓚覺得不滿，因為從某種意義上說劉虞是被安排到公孫瓚身邊，防範他勢力坐大的，這個不友好的開端，為日後兩人的悲慘結局埋下了伏筆。

對於鮮卑、烏桓等游牧民族，公孫瓚是強硬派，他只相信槍桿子的力量；劉虞則是溫和派，他主張以懷柔政策進行招撫，這進一步加深了兩人之間的衝突。

劉虞到任後，親自到烏桓各部落慰問，曉之以情，動之以理，希望他們幫助朝廷追捕叛賊張純，重建邊塞和平。丘力居等知道了劉虞的態度後，紛紛派遣使者前來示好。公孫瓚這時展現了心胸狹窄、不顧大局的一面，他竟然暗中派人去路上劫殺這些使者，以阻撓劉虞招撫政策的成功。劉虞了解事情真相之後，對公孫瓚的做法感到非常憤怒。二人的衝突又因此更加深一層。

不久，張純的手下將其殺死並把他的首級獻給了劉虞，劉虞因平定叛亂，安撫烏桓有功而被授予太尉之職，很快又升為大司馬。在幽州戰事漸趨平定的情況下，劉虞上書朝廷請求裁撤駐防軍隊，朝廷同意了劉虞的建議。裁軍完成後，公孫瓚統率保留下來的萬餘步兵騎兵屯駐右北平，在治軍的同時擔任右北平太守一職。

按照《三國演義》中的描寫，第二年，即西元一九〇年，公孫瓚帶領劉備、關羽、張飛等人參加了十八路諸侯伐董卓的重大軍事行動。但是根據歷史記載來看，討伐董卓的諸侯最多只有十三家，而且和公孫瓚沒有直接關係。在此順便說明，公孫瓚和劉備確實是同學，他們都是大學者盧植的弟子。

那麼，公孫瓚當時在做什麼？他正在集中精力對付黃巾軍。西元一九一年，青州黃巾軍聚眾三十萬攻打渤海郡，打算藉此和黑山軍會合。公孫瓚率領兩萬騎兵和步兵在今天的河北東光以少勝多，把黃巾軍打得落花流水，渡河而逃。當殘餘的黃巾軍渡河渡到一半時，公孫瓚再次發起攻擊，結果黃巾軍死者數萬，被俘七萬餘人，損失車甲財物無數，公孫瓚又一次威名大震，白馬將軍的名號一時之間如日中天，光芒萬丈。

白馬將軍勢力由盛轉衰

摧垮青州黃巾軍後，公孫瓚趁機在冀州、青州、兗州擴張勢力吞併地盤，並且未經朝廷同意私自任命嚴綱為冀州牧、田楷為青州牧、單經為兗州牧，而且配置了郡首縣令。這個狂妄而錯誤的舉動，至少導致兩個嚴重後果：其一，冀州的實際占有者袁紹把公孫瓚視為一號敵人；其二，忠君愛國的劉虞認定公孫瓚有叛亂之心，如不早日剷除，必成國家大患。

劉虞在做了充分準備之後，率兵十萬對公孫瓚發起突擊。遺憾的是，劉虞乃是文人出身，不善用兵，又下令不准軍隊騷擾百姓，所以戰事一直沒有取得明顯進展。公孫瓚從倉促應戰中平靜下來以後，找了合適的天氣，派人順著風勢放火，隨後帶兵殺入劉虞軍營。結果劉虞大敗，北逃至居庸城。不久，居庸城被攻破，劉虞和妻子兒女不幸被俘。公孫瓚這時充分展現了心狠手辣的一面，他誣陷劉虞和袁紹勾結意欲稱帝，並以此為藉口，殺害了劉虞一家。

摒除了劉虞的勢力後，公孫瓚占據了整個幽州，真正成了獨霸一方的諸侯。此後，公孫瓚日漸驕矜，其事業則日益衰退，最後像《三國演義》中描寫的那樣，在袁紹的強烈進攻下落得眾叛親離，自焚而死，白馬將軍的傳奇人生就此謝幕。

幽州

古九州及漢十三刺史部之一，隋唐時北方的軍事重鎮、交通中心和商業都會。

舜置十二牧，幽州則其一也。據《周禮．職方》載，「東北曰幽州」，其範圍大致包括今河北北部及遼寧一帶。《春秋元命包》云：「箕星散為幽州，分為燕國。」言北方太陰，故以幽冥為號。

漢武帝始設幽州刺史部，治所薊縣在今北京市城區西南部的廣安門附近，轄境相當於今北京市、河北北部、遼寧南部及朝鮮西北部。

被嫌棄的三個「菜鳥」

出於某種特殊需要，小說家有時候會把想像中的人物往好處寫，有時候則會把現實中的人物往壞處寫。本文要寫的這三個歷史人物，很不幸在《三國演義》中成了第二種寫法的受害者。

當您翻開《三國演義》，閱讀有關他們三個結局的內容時，腦子裡肯定會閃過這樣一個字——菜。但其實這些故事都是羅貫中的改寫，在真實的歷史上，他們並沒有那麼菜。

第一位受害者名叫胡軫。

在羅貫中筆下，胡軫是華雄的副將，汜水關一戰中，他引兵五千出戰，幾個回合之後就被孫堅的部將程普一矛刺中咽喉，死於馬下。

歷史上的胡軫確實是董卓帳前的將領，但地位相當高，他不是呂布部將華雄的屬下，而是和呂布並駕齊驅的大督護（呂布為騎督），地位甚至比呂布還高一點。因為胡軫和呂布不能相容，誰也看不上誰，結果在和孫堅交戰時吃了敗仗，但胡軫並沒有在此戰中陣亡，而是一直活到董卓被誅，之後開始為漢獻帝效力。

董卓部將李傕、郭汜進攻長安時，胡軫和另一位將領奉司徒王允之命，在新豐阻擊叛軍，最後在不得已的情況下投降了李傕，此後就消失於歷史的長河之中。

和胡軫一起迎戰李傕和郭汜的將領姓徐名榮，他是第二位受害者，而且他的受害程度遠勝於胡軫。

在《三國演義》第六回裡，徐榮在夏侯惇面前走了幾個回合就被對方斬於馬下，應該說是個不入流的將領，但這個人物在真正的歷史上卻是個名動一時，相當重要的猛將。

徐榮的老家在東北的遼東地區，卻長期在西北的涼州任職，堪稱四海為家的典範。在擔任董卓帳下的中郎將時，徐榮曾向董卓推舉同郡出身的公孫度出任遼東太守，公孫度家族三代割據遼東五十年就是從這時開始的。

關東諸侯討伐董卓時，徐榮先在汴水之戰大敗一代梟雄曹操率領的精兵強將，後又在梁東之戰中擊破了「江東猛虎」孫堅指揮的大軍。眾所周知，曹操和孫堅都是當時難得一見的英雄，徐榮能夠先後打敗二人，足以證明他的軍事能力，儘管關於徐榮的記載很少，但這兩個戰績已經足以令他擠身三國名將之列。

董卓死後，徐榮改邪歸正，誠心誠意地做了漢獻帝的臣子。李傕、郭汜叛軍進攻長安時，司徒王允派他迎戰李傕，在新豐之戰中因眾寡懸殊而為國捐軀。

無論在《三國演義》中，還是在三國歷史上，麴義都堪稱徐榮第二。

麴義是在《三國演義》第七回中現身的，剛出場時也是相當了得——先把公孫瓚手下大將嚴綱斬於馬下，接著殺死旗將，砍倒繡旗。但是當他遇到趙雲時，就成了穿不透魯縞的強弩之末，結果戰不了幾回合，被趙雲一槍刺於馬下。

歷史上的麴義並沒有在界橋戰役中陣亡，他在此後還有更為精彩的表現。

麴義原是冀州牧韓馥部將，後來背叛韓馥和袁紹結盟，幫助袁紹鳩占鵲巢成了冀州之主。在界橋戰役中，麴義戰勝擁有強大優勢的公孫瓚，為袁紹扭轉了時局。後來，麴義作為主將獨當一面，聯絡少數民族，組建了一隻十萬人馬的聯合軍隊，對公孫瓚實施大規模的戰略反攻，使公孫瓚主力喪失殆盡，從此袁紹成為北方的霸主。

俗話說「飛鳥盡，良弓藏；狡兔死，走狗烹」，而麴義又是一個容易驕傲、有些狂妄的人，這就註定了他在心胸狹窄的袁紹身邊不會有好下場。果不其然，麴義不久就被袁紹以「驕縱不軌」之名砍掉了腦袋，就像後來曹操找個藉口殺死許攸一樣。

麴義在來到冀州之前，曾經在涼州征戰多年，所以也可以算是涼州軍團的一員，如此說來，胡軫、徐榮和麴義這三位被羅貫中「矮化」處理，應該和他們曾經追隨大奸臣董卓有很大關聯。這件事再次證明了，一個人的選擇會對其名聲造成多大影響——一旦做出了錯誤選擇，不僅生前會受到影響，連身後之名也可能遭遇池魚之災。

新豐城的由來

漢高祖劉邦打下江山之後，他的父親成了太上皇，住進長樂宮。但平民出身的太上皇不適應宮廷生活，想念當年與殺豬賣酒的在一塊兒，鬥雞走狗，喝酒打球，説笑打趣，何其痛快！

劉邦知道後，索性把老家豐邑鎮全搬了過來。在長安附近專為太上皇建造了一座城鎮。

這座新地村鎮完全按豐邑的格局建造，城牆、贊道、房屋，全都一模一樣。皇帝下令，把豐邑的居民全遷到這裡。人們一到，都能熟悉地找到自己的住宅，甚至從豐邑帶來的雞、鴨、狗、羊也能找到各自的主人家。劉邦把父親接到這裡，太上皇很高興。

太上皇去世之後，漢高祖劉邦就把這座鎮定名為新豐鎮。

最後一支黃巾軍：能動手絕不動口

西元一八四年二月，太平道創立者張角一聲吶喊，天下同時響應，在「蒼天已死，黃天當立，歲在甲子，天下大吉」的聲聲怒吼中，近百支起義隊伍在全國各地雨後春筍般出現，瞬間形成燃遍漢季荒原，照亮無垠天宇的熊熊烈火。

張角振臂一呼的地方是如今的河北省巨鹿縣，在這個地方西北一百公里的真定縣（今河北省正定縣），一個名叫褚燕，江湖人稱「飛燕」的小夥子在西面的太行山也拉起一支主要由年輕人組成的起義隊伍，然後開始打家劫舍、劫富濟貧，而且名聲越來越響，前來投奔的人越來越多。當他一路凱歌進入真定城時，手下已經有一支萬餘人的隊伍。

在東漢官兵和各地豪強的聯合攻擊下，黃巾之亂於當年年底失敗了，褚燕帶領他的軍隊撤進太行山區暫避風頭，以待東山再起。

第二年，在真定東北方向一百公里的博陵（今河北省蠡縣）出現了一支新的黃巾起義軍，領導人名叫張牛角，這一位像後世的宋江一樣，是江湖上很有地位的傳奇人物。張牛角的黃巾軍初生之犢不畏虎，很快就在冀州中部打出了一片天地，並且引起了褚燕的極大關注。

褚燕早就聽聞張牛角的鼎鼎大名，張牛角領導的起義軍如火如荼的發展態勢更令他欽佩不已，就派人和張大哥聯繫，表示願意與之合兵一處，唯其馬首是瞻。張牛角也是個爽快人，於是一支勢力更強的黃巾軍誕生了，這就是歷史上著名的黑山軍。

張牛角的名氣如宋江般響亮，命運卻和晁蓋一樣悲催。合兵之後沒有多久，他就在進攻癭陶（今河北省寧晉縣）時中箭而逝了。雖然張牛角和褚燕相處的時間並不是很長，但他們兩人一見如故，惺惺相惜，已經建立了深厚的兄弟情誼和革命友誼。在張牛角瞑目之前，他把起義軍的重要將領都召集到他的床前，用虛弱卻又堅定的聲音對他們說：「必以燕為帥！」為了表示對大哥的感激和懷念，也為了得到更多將領的支持擁護，褚燕從成為黑山軍首腦那天起，就把名字改為張燕。

在張燕的領導下，黑山軍的實力一步步增強，逐漸控制了八百里太行山及其周圍的大片區域。黑山大王張燕儼然成了和冀州牧、幽州刺史等相提並論的一方諸侯。

俗話說「飽暖思淫欲」，對於張燕來說則是「飽暖思官位」。他的黑山軍在太行山區站穩腳跟，所向無敵之後，他就像《水滸傳》的宋江一樣想給兄弟們，特別是自己，謀個前程了。於是，張燕給漢靈帝寫了一封長信，先向皇帝請罪，做了深刻的自我批評，然後表示了願意歸順朝廷之意。漢靈帝雖然昏庸，但也知道黑山軍是個讓朝廷頭疼的厲害角色，一見張燕主動低頭，也就樂得順坡下驢，用一個有名無實的官位把張燕和黑山軍拉進了漢政府的一畝三分地裡。

大約在西元一八八年，漢靈帝任命黑山軍領袖張燕為平難中郎將，讓他負責太行山地區的行政和治安事務，並且同意他每年向朝廷推薦一定數量的官員候選人。張燕的黃巾軍名義上歸順東漢朝廷，實際上還是一支獨立的軍隊，而且是當時實力最強的起義軍之一，這也是他們能夠成為最後一支黃巾軍的重要原因。

兩年後，漢靈帝駕崩，東漢朝廷之中衝突重重，亂成了一鍋粥，西涼軍閥董卓趁亂進京，掌握了朝政大權。董卓倒行逆施，殺人如麻，誤國害民，令全國上下為之憤慨，這才有了歷史上的關東諸侯伐董卓。張燕雖然沒有直接參加征討董卓的軍事行動，但他其實是這次活動的積極支持者，他不僅和反董的諸侯結成同盟，還派出部分軍隊參戰。

董卓最終死在乾兒子呂布手中，而關東諸侯則早在伐董失利後就已經開始互相爭奪地盤的大內訌。身為反董關東軍領袖的袁紹首先奪取了韓馥的冀州，接著又和幽州的公孫瓚發生你死我活的土地人口爭奪戰。

當時袁紹和公孫瓚之間的拉鋸，已經由勢均力敵變為袁紹占上風，張燕擔心自己會被越來越強的袁紹吞掉，就選擇了和公孫瓚的幽州軍共同對抗冀州軍。這時，一個超級軍事強人投入袁紹陣營，他不是別人，正是稱為「馬中赤兔，人中呂布」的三國第一名將呂布。

呂布固然了不得，但張燕也不是省油的燈，兩軍在張燕的故鄉（也是趙雲的故鄉）常山拉開了戰場，冀州軍和黑山軍大戰了十天，直殺得天昏地暗，血流遍野，最後沒分出個誰勝誰負。這場大戰讓張燕的黑山軍遭受了不小損失，但袁紹再也不敢招惹這支最後的黃巾軍了，即使在西元一九九年，他完全滅掉了公孫瓚的軍事勢力之後，也沒有再次向援助公孫瓚的張燕發難。

第二年，官渡之戰爆發，雄心勃勃的袁紹本來想擊敗曹操一統中原，結果卻由於各種原因被曹操打得一敗塗地，國破家亡。這時，張燕面對的政治形勢和以前完全不一樣了，曾經和他並肩而立的公孫瓚和袁紹都已經敗亡身死，現在只有他勢單力孤地和實力越來越強大的曹操抗衡了。

張燕是一個識時務的俊傑，也是一個有眼光的英豪，他能感覺到曹操非一般人物可比，與其等待對方前來征討，不如自己前去投誠，於是，他率領十餘萬黑山軍加入曹操北伐烏桓的大部隊。至此，在經歷二十年的風雨征程後，最後一支黃巾軍以和平的方式消失於歷史的滾滾洪流，為後世留下的是一段獨具風采、與眾不同的歷史傳奇。

「古惑仔」袁紹和曹操

袁紹和曹操年少時喜歡盲目仿效俠客的作為，經常會做出類似香港「古惑仔」的行為。

一天夜裡，袁紹和曹操潛入一戶新婚人家的院子裡，大叫「小偷來了！」屋裡的人聽到叫聲都跑了出來，曹操則衝進屋內抽出短劍將新媳婦劫持，然後背起新媳婦和袁紹一起往回跑。

因為天黑，袁紹和曹操迷路了，結果袁紹跌入荊棘叢中，怎麼爬也爬不出來，曹操見狀，故意大叫：「小偷在這裡！」袁紹怕被人捉到，更加奮力掙扎，這才成功脫離困境。

諸葛亮的「三把火」

中國有一句俗語，叫「新官上任三把火」，其中的新官指的不是別人，就是幾乎一代名相諸葛亮。諸葛亮的確是個了不起的人物，既是治國安邦的政治家，又是運籌帷幄的軍事家，還是文學家、發明家。但他在《三國演義》中，剛剛出山時放的那三把火的真相，卻會在某種程度上影響他那光輝的形象，因為這三把火有兩把和他全無關係，另一把則完全是小說家的虛構。

先說說最早的火燒博望坡。

按照《三國演義》的描述，諸葛亮剛剛被劉備三顧茅廬從隆中請出當了軍師，就初試身手在博望坡一把火把夏侯惇的十萬曹兵燒得丟盔棄甲、死傷無數，立下了初出茅廬第一功。但是在歷史上，這把火是在諸葛亮出山之前劉備所燒的，而且是劉備放火燒自己。

那麼，這火燒博望坡到底是怎麼一回事呢？

據《三國志・先主傳》記載：

（劉表）使（劉備）拒夏侯惇、于禁等於博望。久之，先主設伏兵，一旦燒屯偽遁，惇等追之，為伏兵所破。

《三國志・李典傳》對於此事則有更為詳細的記述：

劉表使劉備北侵，至葉，太祖（曹操）遣典（李典）從夏侯惇拒之。備一旦燒屯去，惇（夏侯惇）率諸軍追擊之。典曰：「賊無故退，疑必有伏。南道狹窄，草木深，不可追也。」惇（夏侯惇）不聽，與于禁追之，典留守。惇等果入賊伏裡，戰不利，典往救，備望見救至，軍散退。

如果說火燒博望坡是被羅貫中從劉備身上移花接木到了諸葛亮身上，那麼諸葛亮的第二把火——火燒新野則是純屬虛構。

在博望坡被諸葛亮燒走的，是曹操在夏侯家族的兄弟夏侯惇，在新野被燒跑的則是他在曹家的弟兄曹仁和曹洪。

孔明先生的這把火，在《三國演義》中，有著極為精彩的描述：

曹仁、曹洪就在衙內安歇。初更已後，狂風大作，守門軍士飛報火起。曹仁曰：「此必軍士造飯不小心，遺漏之火，不可自驚。」說猶未了，接連幾次飛報，西、南、北三門皆火起。曹仁急令眾將上馬時，滿縣火起，上下通紅。是夜之火，更勝前日博望燒屯之火……曹仁引眾將突煙冒火，尋路奔走，聞說東門無火，急急奔出東門。軍士自相踐踏，死者無數。曹仁等方才脫得火厄，背後一聲喊起，趙雲引軍趕來混戰，敗軍各逃性命，誰肯回身廝殺。正奔走間，糜芳引一軍至，又衝殺一陣。曹仁大敗，奪路而走，劉封又引一軍截殺一陣。到四更時分，人困馬乏，軍士大半焦頭爛額……

諸葛亮謀劃的火燒新野這一仗固然精彩壯觀，但令人遺憾的是這件事在正史並無記載，無跡可尋，百分之九十九是作者羅貫中為顯諸葛亮之多智而杜撰的故事情節。

而火燒赤壁是《三國演義》為諸葛亮「量身定做」的三把火中最厲害的一把火。但這把火實際上和諸葛亮沒有關聯，和諸葛亮所屬的劉備陣營也沒有多少關聯。

現在科學技術這麼發達，也只能人工造雨，好像還沒有聽說過人工造風，更不用說向老天借風了，所以，從科學知識上看諸葛亮借東風，理所當然是藝術的虛構。

唐代大詩人杜牧在遊訪赤壁時，曾經寫下《赤壁懷古》這首名詩：

折戟沉沙鐵未銷，
自將磨洗認前朝。
東風不與周郎便，
銅雀春深鎖二喬。

詩中提到了「赤壁」、「東風」、「周瑜」、「二喬」，惟獨沒有涉及演義中「借東風」的主角諸葛亮，這也可做為諸葛亮沒有借東風的佐證。

既然燒敗曹操八十萬水陸大軍的「東風」不是諸葛亮登臺祭天借來的，那麼這神祕的冬天裡東南風是從何而來的？

由大自然控制的「東風」諸葛亮借不來，周瑜自然也借不來，但在長江邊長大的周瑜，非常熟悉長江流域的天氣變化，他知道洞庭湖一帶（赤壁就在洞庭湖以北不遠處）有一個特殊的氣候現象——因為地形風的原因，當冬季天氣放晴時，洞庭湖以北地區可能會逆吹反常的東南風。在北方長大的諸葛亮，儘管在赤壁之戰時已在靠近江南的隆中居住不少年，恐怕對此了解不深；對於一直生活在北方的曹操來說，這則是他打死也不相信的事情。

諸葛亮確實「上知天文，下知地理」，但周瑜的地理知識才是赤壁之戰勝利的關鍵之一，諸葛亮在這場歷史大戰的主要功績，應是努力促成孫劉兩家聯合抗曹。

劉備才是「火燒博望坡」的男主角

劉表使劉備北侵，至葉，太祖（曹操）遣典（李典）從夏侯惇拒之。備一旦燒屯去，惇（夏侯惇）率諸軍追擊之。典曰：「賊無故退，疑必有伏。南道狹窄，草木深，不可追也。」惇（夏侯惇）不聽，與于禁追之，典留守。惇等果入賊伏裡，戰不利，典往救，備望見救至，軍散退。

憶氏白話：

劉表命令劉備搶奪曹操的地盤，劉備帶兵到達葉縣（今河南葉縣）時，遇到了曹操派來的大將夏侯惇和李典等人。劉備一見敵軍到來，立刻燒掉自己的軍營，腳底抹油——溜了，夏侯惇沒想到自己有這麼大的震懾力，得到消息後狂笑三聲，隨即馬不停蹄地一路追了下來。

李典在旁邊勸阻他：「敵人無故退兵，想必會有埋伏，南邊道路狹窄，林深草密，不能再追下去了。」夏侯惇正在興頭上，哪裡聽得進去，他要求李典留守，自己和于禁帶領主力繼續追擊，結果陷入劉備的包圍，吃了敗仗，多虧李典前來營救，才得以死裡逃生，躲過一劫。

揭開火燒赤壁的六個歷史真相

火燒赤壁的六個小祕密，簡而言之就是「兩借兩獻，一打一放」，現在咱們就依照事情發生的先後順序，一起來看看吧！

草船借箭

草船借箭不是虛構，但諸葛亮草船借箭卻是張冠李戴、移花接木的結果。草船借箭這個精彩故事並非在赤壁之戰期間上演，而是發生在五年之後，即西元二一三年的濡須口戰役，主人公不是諸葛亮，而是另一位大人物。另外需要說明的是，這位大人物借箭靠的是輕舟而非草船。

據《三國志‧吳書‧吳主傳第二》裴松之注記載，建安十八年（西元二一三年）正月，曹操與孫權在濡須口（濡須為西巢湖入長江的一段水道，今安徽省巢縣境內）展開大戰，曹軍初戰失利，於是堅守不出。

一天，孫權乘輕舟帶一部分精兵衛隊從濡須口闖入曹軍前沿，觀察曹軍部署。曹操見孫軍整肅威武，喟然歎曰：「生子當如孫仲謀，劉景升兒子若豚犬耳！」隨後下令弓弩齊發射擊敵船。很快，孫權的輕舟因一側中箭太多船身傾斜，有翻沉的危險。聰明的孫權下令調轉船頭使另一側再受箭。不一會兒，箭均船平，吳軍輕舟安然脫險，於是鼓樂齊鳴，安全返航，留下了草船借箭的歷史佳話。

其實，羅貫中在《三國演義》第六回中還寫了一次「草船借箭」，主人翁是孫權的老爸孫堅：

黃祖（劉表部將）伏弓弩手於江邊，見船傍岸，亂箭俱發。堅令諸軍不可輕動，只伏於船中來往誘之；一連三日，船數十次傍岸。黃祖軍只顧放箭，箭已放盡。堅卻拔船上所得之箭，約十數萬。當日正值順風，堅令軍士一齊放箭。岸上支吾不住，只得退走。

《三國演義》中的孫堅草船借箭，應該也是歷史上孫權草船借箭的山寨版。

周瑜打黃蓋

「周瑜打黃蓋——一個願打，一個願挨」是一句流傳很廣的歇後語，其後隱藏的故事來自《三國演義》第四十六回「用奇謀孔明借箭，獻密計黃蓋受刑」，故事的大意是這樣的：在赤壁之戰中，為了幫助周瑜早日打敗壓境的曹操八十萬大軍，周瑜的部下黃蓋自告奮勇，使用「苦肉計」騙過了曹操派來的說客蔣幹，並誘使曹操上當，最後使用詐降之計火燒曹營打敗曹軍，取得了赤壁之戰的勝利，從而奠定了三足鼎立的基礎。

黃蓋其人，可謂智勇雙全、文武兼備、戰功卓著，「江表虎臣」，他「姿貌嚴毅，善於養眾，每所征討，士卒皆爭為先」，深受士卒愛戴；他「當官決斷，事無留滯」，為各地百姓擁護。吳主孫權稱帝以後，「追論其功，賜子柄爵關內侯」，東吳的百姓也「圖畫蓋形，四時祠祭」，對這位名將進行拜祭和緬懷。但黃蓋為後人所熟知，卻不是因為這些實績，而是因為羅貫中所虛構之周瑜打黃蓋的苦肉計。

那麼，赤壁之戰的過程中，老將黃蓋究竟做了些什麼呢？

據《三國志．周瑜傳》記載，在赤壁之戰發生之前，面對來勢洶洶的曹操，黃蓋審時度勢，向周瑜提出了「火燒赤壁」的奇策。他認為：「今寇眾我寡，難與持久。操軍方連船艦，首尾相接，可燒而走也。」黃蓋的正確主張，得到了周瑜的全力支持。

為了誘騙曹操，黃蓋寫下詐降書給曹操，誘使曹操上當。其書曰：

蓋受孫氏厚恩，常為將帥，見遇不薄。然顧天下事有大勢，用江東六郡山越之人，以當中國百萬之眾，眾寡不敵，海內所共見也。東方將吏，無有愚智，皆知其不可，惟周瑜、魯肅偏懷淺戇，意未解耳。今日歸命，是其實計。瑜所督領，自易摧破。交鋒之日，蓋為前部，當因事變化，效命在近。

結果，曹操上當，兵敗赤壁，鎩羽而歸。

黃蓋不但為東吳戰勝曹軍獻計策，而且在後來的戰鬥中身先士卒、英勇作戰，險些在戰場上捐軀。《三國志．黃蓋傳》寫到：

> 赤壁之役，蓋為流矢所中，時寒墮水，為吳軍人所得，不知其蓋也，置廁床中。蓋自強以一聲呼韓當，當聞之，曰：「此公覆聲也。」向之垂涕，解易其衣，遂以得生。

被箭射中肩窩的黃蓋，在寒冬墜入水中，最後得救，這段文章將黃蓋的脫困功夫描述的硬是了得。

闞澤獻書

在《三國演義》中，闞澤獻書是火燒赤壁的關鍵一環，沒有這個環節，就沒有之後的精彩故事。咱們先看看智勇兼備的闞澤是怎麼忽悠[16]老奸巨猾的曹阿瞞。

闞澤見到曹操之後的第一句話就給對方來了個下馬威，他說：「人言曹丞相求賢若渴，今觀此問，甚不相合。黃公覆，汝又錯尋思了也！」在舌戰中處於了上風。

曹操看完黃蓋的降書之後一拍桌子，下令把闞澤推出去砍了，想藉此觀察闞澤的表現，探探對方的虛實。

闞澤的膽識與智辯之才，於此時展現無遺：

澤面不改容，仰天大笑。操教牽回，叱曰：「吾已識破奸計，汝何故哂笑？」澤曰：「吾不笑你。吾笑黃公覆不識人耳。」

---

18 「忽悠」一詞來自中國東北方言，有糊弄或唬弄之義，是讓人陷於一種飄飄忽忽、神志不清、基本喪失判斷力的狀態。日常生活使用時通常解作「坑蒙拐騙，誘人上當」等欺騙行為。「大忽悠」在東北話中也泛指說話不著邊際的吹牛者，或做人不守誠信，經常使用欺詐行為的商人。字義上忽悠較「詐騙」一詞溫和，具有一些調侃玩笑的含義。

……

操曰：「我說出你那破綻，教你死而無怨：你既是真心獻書投降，如何不明約幾時？你今有何理說？」

闞澤聽罷，大笑曰：「虧汝不惶恐，敢自誇熟讀兵書！還不及早收兵回去！倘若交戰，必被周瑜擒矣！無學之輩！可惜吾屈死汝手！」

操曰：「何謂我無學？」

澤曰：「汝不識機謀，不明道理，豈非無學？」

操曰：「你且說我那幾般不是處？」

澤曰：「汝無待賢之禮，吾何必言！但有死而已。」

操曰：「汝若說得有理，我自然敬服。」

澤曰：「豈不聞『背主作竊』，不可定期？倘今約定日期，急切下不得手，這裡反來接應，事必洩漏。但可覷便而行，豈可預期相訂乎？汝不明此理，欲屈殺好人，真無學之輩也！」

最後，曹操虛心地認輸了。他改容下席而謝曰：「某見事不明，誤犯尊威，幸勿掛懷。」

顯而易見，在這場舌戰交鋒中，曹操中了闞澤的欲擒故縱之計，完全把心思放在了闞澤身上，要他說下去，而闞澤太會把握對方的心理了，說半句留半句，成功地牽住了曹操的老鼻子，最終把曹操釣上了鉤。難怪黃蓋在聽聞了獻書的細節之後，說了這樣一句話──「非公能辯，則蓋徒受苦矣」。

闞澤舌戰曹操精彩固然精彩，卻不見於歷史記載。在《三國演義》中，闞澤主要做了兩件大事，一是上述的獻書；一是薦陸遜，即在劉備率領七十五萬大軍（演義之言也）進攻東吳時，闞澤以全家人的性命向吳主孫權薦舉陸遜統兵禦敵，雖都激動人心，盪氣迴腸，但沒有歷史證據。

在歷史上，闞澤並非軍事型、謀略型的形象，而是文化性、學術型的人物。關於他的一生，有兩點值得大書一筆，一是為孫權解惑，向孫權進諫。

據《三國志》記載，闞澤博覽群書，「每朝廷大議，經典所疑，輒諮訪之」；權嘗問：「書傳篇賦，何者為美？」澤（闞澤）欲諷喻以明治亂，因對賈誼《過秦論》最善。另一點則是孫權對他的尊重和深情，闞澤去世時，「權痛惜感悼，食不進者數日」。

龐統獻計

《三國演義》中有兩個使用連環計的故事，一是政治事件，即第八回的「王司徒巧使連環計」；一是軍事事件，就是此處要談第四十七回的「龐統巧授連環計」。

司徒王允在除掉董卓時所用的計策是圍繞著美女貂蟬展開的，而龐統為曹操出的妙計，則是把戰船用鐵鍊鎖起來以便統一行動，二者之間好像風馬牛不相及，為什麼都被稱為連環計呢？

原來連環計是這樣定義的：「將多兵眾，不可以敵，使其自累，以殺其勢。在師中去，如天寵也。」翻譯成現代的話就是：敵人兵多將廣，不能與之硬拼，應設法使他們自相牽制，以削弱他們的實力。三軍統帥如果用兵得法，就會有如天神佐佑一樣，輕而易舉地戰勝敵人。

王司徒以貂蟬做為籌碼，使處於強勢的董卓和呂布搞起了窩裡鬥，成功削弱了對方的實力，最終誘使小呂殺死了老董，自然應屬於連環計。龐統為孫劉聯軍服務，忽悠兵多將廣的曹操把戰船用鐵環和連環大釘鎖在一起，使戰船互相牽制，成了一根繩上的螞蚱，靈活作戰能力大大降低，而且為將來火燒戰船做好了充分準備，這當然更是連環計。

需要指出的是，在歷史上，連鎖戰船並不是龐統給曹操出的餿主意，而是曹操自己想出的「妙計」，最後幾十萬大軍被燒，兵敗赤壁，完全是曹操搬起石頭砸了自己的腳，怪不得別人。

借東風

諸葛亮借東風是婦孺皆知的三國故事，在京劇中更是單獨的一折戲，和《群英會》、《華容道》合稱為「群借華」。

我們在前文提及真正「借東風」的主人翁是周瑜。但是周瑜畢竟不是神仙，而且那時候科技並不發達，所以不能確定什麼時候天會放晴，也不能確定他所渴望的東南風什麼時候會刮起來，這也就是為什麼黃蓋的詐降書裡「不明約幾時」的原因。

華容道放曹

赤壁戰前，諸葛亮料定曹操必敗走華容，且夜觀天象發現曹操不該身亡，又考慮到曹操對關羽有恩，於是派關羽把守華容道，留個人情給他做。曹操赤壁兵敗之後果然由烏林向華容道敗退，並在途中三次大笑諸葛亮、周瑜智謀不足，未在險要處暗設伏兵。然而，曹操一笑笑出趙子龍，二笑笑出張翼德，三笑笑出關雲長，而且正在一夫當關，萬夫莫開的華容狹路上。屢遭打擊的曹軍此時已無力再戰，曹操只得厚著臉皮親自哀求關羽放行。關羽想起舊日恩情，義釋曹操，讓曹操撿回一條命逃回許都。

上述《三國演義》中的描寫，雖然並非憑空之筆，但與事實有明顯出入。曹操從赤壁敗退時走得確實是華容道，但與關羽並無關聯；曹操在途中的確曾經大笑，但不是三次，而是一次；曹操笑的也不是諸葛亮與周瑜智謀不足，而是笑劉備雖有計謀卻晚了一步；曹操大笑之後確實出現了敵情，但那時他已是脫鉤魚兒，有驚無險逃脫了。

《三國演義》寫曹操三次大笑，笑出三個英雄，是為了表現出曹操雖然奸詐，但終歸趕不上諸葛亮的神機妙算；寫關羽在華容道義釋曹操，是為了表現關羽知恩圖報、義重如山的人格，這都是作者神格化諸葛亮、關羽二人的虛構之筆，並非史實，然而我們要感謝羅貫中源於史實，高於史實的神來之筆，他的虛構，為當世和後世的讀者塑造了「智絕」諸葛亮、「義絕」關羽和「奸絕」曹操等精彩的經典文學形象。

黃蓋的文筆

蓋受孫氏厚恩，常為將帥，見遇不薄。然顧天下事有大勢，用江東六郡山越之人，以當中國百萬之眾，眾寡不敵，海內所共見也。東方將吏，無有愚智，皆知其不可，惟周瑜、魯肅偏懷淺戇，意未解耳。今日歸命，是其實計。瑜所督領，自易摧破。交鋒之日，蓋為前部，當因事變化，效命在近。

憶氏白話：

我黃蓋深受孫權家族恩遇，官居將帥重職，可是縱觀天下大勢，卻感覺以江東六郡對抗中央政權簡直是拿雞蛋碰石頭——不自量力。江東的文臣武將都知道此事不可行，只有周瑜和魯肅不識時務，如果面對現實，就應向您投誠。周瑜的那些軍隊吃敗仗是幾分鐘的事。交兵之日，我會作為先鋒出戰，屆時我將根據戰場情形為您效命。

沒粉過周郎，別說自己是顏控

儘管在《三國演義》中，羅貫中將周瑜描寫成一個嫉賢妒能、心胸狹窄的人，但我還是非常喜歡周瑜形象。

說到歷史上真正的周瑜，更是讓人欽佩，惹人羨慕，令人崇拜。

周瑜，字公瑾，安徽舒城人。瑜，瑾，皆美玉也，而周郎人如其名，面如冠玉，玉樹臨風，羅貫中用八個字來形容其外貌：資質風流、儀容秀麗。著墨雖不多，可一個外表內涵俱佳的男兒形象已躍然紙上，同時也定格於讀者心中。

蘇軾也是極為欣賞周瑜的，他在其名作《念奴嬌．赤壁懷古》中盡情為之謳歌：「大江東去，浪淘盡，千古風流人物。故壘西邊，人道是，三國周郎赤壁。亂石穿空，驚濤拍岸，一時多少豪傑。遙想公瑾當年，小橋初嫁了，羽扇綸巾，談笑間，強虜灰飛煙滅……」我們一直認為「戴綸巾、搖羽扇」是諸葛亮的典型形象，殊不知，綸巾羽扇的主人翁不是孔明，而是一代儒將周瑜。

諸葛亮草船借箭、巧借東風都是後人的借花獻佛，穿鑿附會。但是周瑜赤壁鏖兵、火燒戰船的功業卻是真真切切地記在史冊上。晚唐大詩人杜牧遊覽赤壁時曾賦詩云：「鐵戟沉沙鐵未消，自將磨洗認前朝。東風不與周郎便，銅雀春深鎖二喬。」

周瑜不僅功業彪炳千秋，橫絕青史，而且為人真誠，胸懷寬廣，絕不是《三國演義》中所描寫的那個樣子。東吳副都督，老將程普自恃德高望重，戰功卓著，看不起小字輩，幾次羞辱周瑜。周瑜都以國事為重，不與之計較，最終程普被周瑜的高尚品格折服了，發出由衷的讚歎：「與公瑾交，如飲醇醪，不覺自醉。」二人共同譜寫了三國時期的一段將相和的歷史佳話。

周瑜不僅文武雙全，品行高潔，而且在音樂上還極有天賦，當時江南就流傳著「曲有誤，周郎顧」的佳話，可以想像這樣一個風流儒雅，才華橫溢的周郎牽動著多少佳麗的芳心，而幸運成為周夫人的小橋又是多麼讓她們羨慕乃至於嫉妒。唐代詩人李端曾寫下一首精緻細膩、情思別具的詩歌詠此事：

嗚箏金粟柱，素手玉房前。欲得周郎顧，時時誤拂弦。

遙想周瑜一生，我們會情不自禁地感歎：如此完美之奇男子，世間之罕見！可惜天不假年，讓他英年早逝，遺恨征途。最後，筆者想用杜甫歌頌孔明的一句詩作為周郎的悼詞：出師未捷身先死，長使英雄淚滿襟……

史上美男團

古代四大美男第一個版本：戰國時期的宋玉、西晉的衛玠和潘嶽、北朝的蘭陵王。

古代四大美男第二個版本：三國的嵇康、西晉的衛玠和潘嶽、北朝的蘭陵王。

古代十大美男：春秋時期的子都和宋文公、戰國時期的宋玉、三國的嵇康、西晉的衛玠和潘嶽、十六國的慕容沖、南朝的韓子高、北朝的蘭陵王和獨孤信。

民國初年三美男：梅蘭芳、汪精衛、顧維鈞。

民國四美男：周恩來、梅蘭芳、汪精衛、張學良。

曹操鐵索連船的真相

幾千年以來，究竟是先有雞還是先有蛋這個難題一直在困擾古今中外的人們，而元朝末年的起義領袖陳友諒卻無意中被捲入了一個與此類似的問題。

說陳友諒之前，要先聊聊赤壁之戰中的曹操。

曹操與鐵索連船

按照《三國演義》的描寫，曹操之所以在赤壁戰船被燒，損兵折將，大敗而歸，原因如下：

其一，北方士兵不服南方水土，多有染疾病故者；

其二，接受龐統建議，用鐵索把所有戰船連接起來；

其三，中了周瑜和黃蓋的苦肉計，相信了黃蓋的詐降；

其四，諸葛亮踏罡步鬥借來了火燒戰船的東南風。

實際上，除了第一條之外，另三個原因都是與歷史記載有出入的。本文專門探討第二條。

關於曹操鐵索連戰船，《三國演義》第四十七回下半回《龐統巧授連環計》中是這樣描述的：

以大船小船各皆配搭，或三十為一排，或五十為一排，首尾用鐵環連鎖，上鋪闊板，休言人可渡，馬亦可走矣。乘此而行，任它風浪潮水上下。

眾所周知，《三國演義》是一部「七分實，三分虛」的文學作品，那麼，曹操的鐵索連環戰船陣是史實，還是虛構呢？

先看一下《三國志》中的相關記載。陳壽寫《魏書．武帝紀》時為尊者諱，對於赤壁之戰語焉不詳，而且只提劉備不言周瑜。內容如下：

公至赤壁，與備戰，不利。於是大疫，吏士多死者，乃引軍還。

但是在《吳書．周瑜傳》中，我們可以看到赤壁之戰的全景畫圖：

> 權遂遣瑜及程普等與備并力逆曹公，遇於赤壁。時曹公軍眾已有疾病，初一交戰，公軍敗退，引次江北。瑜等在南岸。瑜部將黃蓋曰：「今寇眾我寡，難與持久。然觀操軍船艦，首尾相接，可燒而走也。」
>
> 乃取蒙衝鬥艦數十艘，實以薪草，膏油灌其中。裹以帷幕，上建牙旗，先書報曹公，欺以欲降。又豫備走舸，各繫大船後，因引次俱前。曹公軍吏士皆延頸觀望，指言蓋降。蓋放諸船，同時發火。時風盛猛，悉延燒岸上營落。頃之。煙炎張天，人馬燒溺死者甚眾，軍遂敗退，還保南郡。

大家需注意的是老將黃蓋的那兩句話：「今寇眾我寡，難與持久。然觀操軍船艦，首尾相接，可燒而走也。」此處的「首尾相接」可以有兩種很不相同的理解，大家先入為主的是羅貫中的看法——用連環鐵索把戰船依次連接起來，人馬可以自由來往；但也可以有另一種解釋——「首尾相接」只是說曹軍戰船數量眾多，一艘接著一艘，並無戰船之間用鐵索相連之意。另外，從「觀」字來看，「首尾相接」應該是黃蓋遠望曹操大軍戰船得來的印象，如果黃蓋能隔著長江看到曹軍戰船間的鐵索，那他的眼睛簡直就是望遠鏡了。

陳友諒才是鐵索連船的創始人

相比之下，陳友諒鐵索連戰船更為可信。因為《明史．陳友諒傳》有著非常明確的記載：

> 友諒忿疆土日蹙，乃大治樓船數百艘，皆高數丈，飾以丹漆，每船三重，置走馬棚，上下人語聲不相聞，艫箱皆裹以鐵。載家屬百官，盡銳攻南昌，飛梯衝車，百道並進。太祖從子文正及鄧愈堅守，三月不能下，太祖自將救之。友諒聞太祖

至，撤圍，東出鄱陽湖，遇於康郎山。友諒集巨艦，連鎖為陣，太祖兵不能仰攻，連戰三日，幾殆。已，東北風起，乃縱火焚友諒舟，其弟友仁等皆燒死。友仁號五王，眇一目，有勇略，既死，友諒氣沮。是戰也，太祖舟雖小，然輕駛，友諒軍俱艨艟巨艦，不利進退，以是敗。

這段文字中的康郎山之戰簡直就是《三國演義》中赤壁之戰的重演，只不過周瑜變成了朱元璋，曹操變成了陳友諒；決戰水域東移五百里，從長江變成了鄱陽湖；助火燒船的風，由東南風變成了東北風。

這就引出了開頭提到的那個問題：是先有了曹操鐵索連戰船，才有了陳友諒依樣畫照葫蘆？還是先有了陳友諒鐵索連戰船，才有了《三國演義》中龐統向曹操巧授連環計的描寫呢？要知道，羅貫中就生活在陳友諒叱吒風雲的那個時代呀！

陳友諒乃是一代梟雄，身邊也是謀士如雲，猛將林立，如果歷史上曹操因為鐵索連戰船導致赤壁大敗，那麼陳友諒不會傻傻地步曹操的後塵，所以，這個問題的真相只能是這樣：陳友諒獨出心裁地整出了鐵索連戰船的「偉大」構想，結果在康郎山之戰中被朱元璋燒得艦隊成灰，全軍覆沒，一敗塗地，同時代的小說家羅貫中從此事得到創作靈感，在《三國演義》中將其搬演到了曹操身上，於是才有了「龐統巧授連環計」、「宴長江曹操賦詩」、「鎖戰船北軍用武」的經典戲份。

此赤壁非彼赤壁

北宋大文豪蘇軾寫過兩篇《赤壁賦》，後人稱之為《前赤壁賦》和《後赤壁賦》，都是中國古代文學史的千古名篇。

實際上，這兩篇散文名作是蘇軾被貶為黃州（今湖北省黃岡市）團練副使時在黃州赤鼻磯寫成的，和赤壁之戰中的赤壁並沒有什麼關係，正所謂「此赤鼻非彼赤壁也」。

因為赤鼻磯音近赤壁，黃州人就將錯就錯稱之為赤壁，蘇軾則難得糊塗地在此借赤壁之名和赤鼻之景一抒懷抱，一表志向。另外，那首膾炙人口、堪稱絕唱的《念奴嬌・赤壁懷古》也是在這兒寫下的。

三國驚天動地的刺殺案

既然是說三國時候的事情，在進入正題之前，不妨先和大家回顧一下諸葛丞相的《出師表》。諸葛亮在《出師表》中提到蜀漢政權的不少文臣武將，費禕就是其中之一，諸葛丞相對他的評價是這樣的：

侍中、侍郎郭攸之、費禕、董允等，此皆良實，志慮忠純，是以先帝簡拔以遺陛下；侍中、尚書、長史、參軍，此悉貞良死節之臣。

西元二三四年，一代名相諸葛亮「出師未捷身先死」，在五丈原病逝，其後，他生前向後主推薦的蔣琬成為蜀漢的棟樑重臣，一直執政到西元二四六年因病去世。蔣琬的繼任者就是深受諸葛亮賞識的費禕，而在軍事方面，諸葛丞相逝世後的這些年，則主要由他的門人弟子姜維負責。

歷史有時候是非常奇詭的，這一點在諸葛亮身上也有所體現，體現之一就是他和蔣琬、費禕的關係——諸葛亮非常看重這兩個儲備的高端人才，他們二人實際上都不認可諸葛亮的北伐策略，不知號稱「智絕」的諸葛亮是否心中有數。

蔣琬開始執政時，蜀國的經濟狀況已經因為戰爭受到很大的影響，他便逐步地將主要精力從北伐魏國，轉到治理內政發展經濟上。費禕繼任後，蕭規曹隨，也盡量不發起大型的軍事活動。

但深受諸葛亮知遇之恩的姜維與蔣琬、費禕不同，他一直堅持諸葛亮的戰略方針，多次要求蔣琬、費禕下令北伐。蔣琬、費禕既不願打擊姜維「滅曹興漢」的積極性，但又擔心連年征戰耗費國力，所以他們對於北伐中原這件事，一直懷著矛盾的心情。

後來，聰明的費禕想出了一個折衷的辦法——每次姜維要求北伐時，只給他一萬人馬。

喜獲良將

西元二五〇年，姜維第五次出兵北伐中原，這一次魏蜀雙方交戰的主戰場在洮河以西的西平郡。當時和姜維對陣的是魏國名將郭淮，結果兩人棋逢對手，將遇良才，打了個平手，誰也沒有把誰拿下。

此次北伐姜維儘管沒有像期望的那樣攻下西平，卻也並非一無所獲，他俘虜了魏國的中郎將郭循，這是一個非比尋常的人物。

郭循，字孝先，是土生土長的西平人，而且他們那個家族是世居西平的豪族大戶。郭循雖然是個「富N代」，但並非只會飆車泡妞的紈絝子弟，而是一個非常有才能的人，在魏國西部頗有聲望，《魏氏春秋》對他的評價是「素有業行，著名西州。」

郭循這樣的人才正是費禕所需要的。

費禕雖然不認可諸葛亮的北伐政策，但他和諸葛亮一樣，希望在作為軍事要衝的隴西地區牢牢地紮住根基，以便將來蜀漢政權強盛時，能夠以此為根據地向曹魏發起進攻，因此他一直非常重視拉攏世居隴西的豪門大戶。

於是，姜維把願意投誠的郭循推薦給費禕。

有了費禕和姜維的推薦提拔，撥亂反正的郭循很快就做到左將軍的高位，成了費禕身邊的親信將領。「左將軍」這個職位當年是由馬超、吳懿、向郎等人擔任的，而他們都是劉備和諸葛亮非常信任的大將，由此可見蜀國，特別是費禕，對郭循殊遇之重。

費禕對魏國降將郭循的破格提拔和高度信任，引起了蜀國將領張嶷的特別關注，張嶷覺得費禕所為雖可顯其寬廣胸襟，雅量高深，卻有博愛氾濫之嫌，身陷險境之危，便藉著古人故事勸他：「過去岑彭、來歙都是被刺客所害，將軍擔任國家大事，應吸取教訓，稍稍警覺一點。」但自信滿滿，不拘小節的費禕沒有把張嶷的話放在心上，說不定還在暗地裡笑張嶷心胸狹小，心存妒忌呢！

令人遺憾的是，後來事態的發展不幸被張嶷言中了。

刺殺費禕

在費禕的新政之下，對魏戰爭次數減少，規模縮小，蜀漢的民生經濟得到了快速的發展。費丞相對此感到非常滿意，欣喜之餘，他決定延熙十六年新年這天在駐紮地漢壽（今四川省廣元市）大排筵宴，舉行歲首大會，凡是身在漢壽的官員，不分官職大小，都可以獲得丞相發出的請帖。

萬眾矚目，百官期待的歲首大會終於如期舉行了。因為後主劉禪遠在成都不能參加，一人之下萬人之上的丞相費禕自然成了宴會最大的焦點人物，文臣武將紛紛向他敬酒，心情大好的費禕來者不拒，頻頻舉杯，不知不覺已是酩酊大醉。

這時，一員武將端著酒杯走到了費禕面前，說時遲那時快，只見那武將早已扔掉酒杯，掏出一把寒光閃閃的匕首，狠狠地刺進了費禕的胸膛。當在場的官員醒過來回神之時，費禕早已倒在了血泊之中，而刺客也自殺身亡了。

這個刺客就是深受費禕信任的魏國降將郭循。

事後，有人反應郭循「欲刺漢主（劉禪），不得親近，每因上壽，且拜且前，為左右所遏，事輒不果。」

痛失人才

後主劉禪對失去這樣一位社稷重臣深感痛心，下旨為費禕舉行國葬，並將其安葬在漢壽城西門外社稷壇南邊，諡贈「城鄉敬侯」，以紀念他為漢室所做出的卓越貢獻。

可能是蜀漢封鎖了丞相費禕被刺身亡的消息，所以，魏國朝廷知道這一重大政治事件已是八個月之後。為了表彰郭循「身在漢營心在曹」，不忘故土，忠心報國的革命精神和不屈意志，魏國特地下詔以告天下，卻不知是何原因將「郭循」誤寫成了「郭修」——

已故中郎西平人郭修，品行高尚，百折不回。之前蜀將姜維寇掠西平郡，郭修遭到擄略。去年……郭修於大庭廣眾之下刺殺費禕，其勇超過聶政，其功勝於介子，真可謂是殺身成仁，捨生取義之人。追加褒獎和恩寵，是為了表揚忠義之士；賞賜爵祿延及後嗣，是為了獎勸將來之人。特下詔追封郭修為長樂鄉侯，食邑千戶，追謚為威侯；令其子襲爵，再加拜為奉車都尉；賜銀千兩，絹千匹，以光榮恩寵存者與亡魂，使其永垂後世。

費禕被刺身亡對蜀漢的影響絕不僅僅是失去了一位德高望重，能力超群的丞相，這個國家的政治走向也因此發生了巨大轉折，命運也因而發生重大改變。

費禕死後，姜維成了蜀漢的二把手（一把手當然是劉禪），他一心繼承諸葛丞相遺志，要北伐中原，一統華夏，對魏政策自然就從蔣琬、費禕時期的以守為主轉變為以攻為守了——具體說來，在執政前的二十年裡，姜維發起了五次北伐，而在他執政後的十年間，至少發動了四次伐魏戰爭，和魏國相比本來就處於弱勢的蜀漢，國力因此大為削弱，為日後的失地亡國埋下了禍根。

蜀漢丞相費禕被魏國降將郭循刺殺身亡，是三國後期一個非常重大的政治事件，遺憾的是，羅貫中創作的《三國演義》中竟然沒有這個驚天動地，充滿傳奇的故事情節，不知是一時疏忽，還是有意為之。

蕭規曹隨

蕭何創立了規章制度，死後，曹參做了宰相，仍照著施行。比喻按照前任的成規辦事。

這個成語出自《史記‧曹相國世家》：「參代何為漢相國，舉事無所變更，一遵蕭何約束。」漢朝剛剛建立時，人民飽受戰亂之苦，迫切需要休養生息，發展經濟。蕭何順應民意，制定了一系列鼓勵人民生產的積極措施。到了曹參當丞相的時候，社會大環境還是如此，因此曹參審時度勢，採取「無為而治」的策略，遂留下「蕭規曹隨」的佳話。

大軍師司馬懿：笑到最後才是真帥氣

在大家心目中，諸葛亮是一位仙風道骨，足智多謀，高風亮節，接近完美的人物，而和他唱了多年對臺戲的司馬懿則是個相貌醜陋，老奸巨猾，厚黑之至，近乎小人的形象。

其實，歷史上的司馬懿並不是一個如此不堪的傢伙，而是個頗有君子之風的人，就連他晚年的報仇經歷都恰恰符合了「君子報仇，十年不晚」的古訓。

隱忍氣孔明

司馬懿的隱忍是出了名的，因為大家都知道他裝扮成老「偽娘」氣壞諸葛亮的故事。

話說西元二三四年八月，司馬懿和他的老對手諸葛亮正在岐山附近對峙。

一百多天過去了，諸葛亮一次一次地「挑釁」，司馬懿就是甘心當縮頭烏龜，「堅壁拒守，以逸待勞」，諸葛亮那樣有涵養，有耐性的人居然也急了，他派人給司馬懿送去「巾幗婦人之飾」，也就是女人穿的衣裳，戴的首飾，想羞辱羞辱司馬懿以便激他出戰，可是司馬懿愣是不生氣，據說還穿戴上女人衣飾扭了幾扭，超前一千八百年扮了一回「偽娘」，結果把諸葛亮氣得吐了血。

司馬懿在隱忍方面的最佳表現，還不是以五十六歲的年齡扮「偽娘」，而是在六十一歲時立下了「君子報仇，十年不晚」的誓言，而且真的在十年之後報仇雪恨，把仇人拉下了馬，並且要了對方的命。

示弱巧奪權

故事還得從曹操的孫子，魏明帝曹睿臨終托孤說起。

西元二三九年，年僅三十四歲的魏明帝曹睿駕崩，逝世之前任命曹爽和司馬懿為輔政大臣，共同扶保太子曹芳。明帝之所以如此安排，是因為司馬懿雖能力超強，但沒有曹氏血統，無法完全信賴，而曹爽則雖為曹魏宗室，但治國能力有限。

曹爽在治國理政上確實如明帝所料不夠成熟，後來伐蜀兵敗，抗吳失策就是最好的證明，但他爭權奪利，胡作非為的本事卻相當了得。

曹爽還沒來得及跟司馬懿合作，就開始排擠他眼中這個老頭子了，他想讓尚書奏事先對他彙報，以便專權，於是就向天子進言，改任司馬懿（原為錄尚書事的侍中）為大司馬，其實他的這個做法還有一個不可告人的目的——以大司馬之位剋死司馬懿。因為此前有好多任大司馬都死在了任上，但司馬懿在朝內威望很高，大臣們都上表反對讓他擔任大司馬這個不吉利的職位，曹爽不得不又讓小皇帝任命司馬懿成為沒有實權的太傅，意圖架空司馬懿。

小皇帝曹芳尚未成年，不懂政事，對本家哥哥曹爽信賴有加，言聽計從，而太后也不是那種控制欲強烈的女強人，這更助長了曹爽兄弟的囂張氣焰。

作為外姓輔政大臣的司馬懿只得忍耐再忍耐。

曹爽兄弟專權的時間不是一天兩天，不是一月兩月，也不是一年兩年，而是整整十個年頭，司馬懿的忍耐功夫，在這漫長的時光裡，可以說修煉到了爐火純青、無人能及的至境。

隨著欲望的不斷燃燒，野心不斷膨脹，曹爽兄弟漸漸地無所顧忌，無法無天，甚至做出以下犯上的行為。

據《晉書．宣帝紀》記載，齊王曹芳正始八年，即西元二四七年，曹爽用心腹何晏、鄧揚、丁謐之謀，把郭太后遷到永寧宮，使皇帝母子分離，難通聲息，一時之間，曹爽兄弟「專擅朝政，兄弟並掌禁兵，多樹親黨，屢改制度」，變本加厲地排擠司馬氏家族的勢力。司馬懿無法阻止，只得偽裝生病，不問政事。「時人為之謠曰：何、鄧、丁，亂京城」。

俗話說：「人心不足蛇吞象」，這話在曹爽身上又一次應驗了。曹爽見司馬懿已經病得不上朝，不問政，甚至不清醒了，而自己已經是無人能管的無冕皇帝，便加緊了篡權的步伐。

西元二四八年三月，在宮內擔任黃門的太監張當把先帝曹叡的才人石英等十一名後宮佳麗偷偷地送給了曹爽，「朋友妻，不可欺」那是道義，「皇帝妻，不可欺」那可是法律，但膽大包「天」的曹爽不但欺了，而且感覺很「爽」，於是這哥們就有了要把皇帝拉下馬，自己當皇帝的念頭，於是就和他的兄弟手下乘機跟張當更加緊密地勾結，即將做出危害國家社稷的行為。

「君子報仇，十年不晚」，西元二四九年，隱忍了整整十年的司馬懿終於等來了為國家除害，為自家報仇的機會。

這一年的正月，魏帝曹芳離開都城洛陽去祭掃魏明帝的墳墓高平陵，大將軍曹爽和他的兄弟中領軍曹羲、武衛將軍曹訓都跟隨前往。假裝生病的司馬懿乘機上奏被曹爽遷居永寧宮的郭太后，請廢曹爽兄弟。

當時，司馬懿的長子司馬師官任中護軍，率兵駐紮在司馬門，控制著京都。司馬懿又派部下憑藉太后旨意接管了曹爽兄弟的軍營，然後自己和太尉蔣濟等勒兵出迎天子，駐紮在洛水浮橋，截斷了曹爽的歸路。

一切準備完畢，司馬懿派人送奏章給魏帝曹芳，要求罷免曹爽兄弟。曹爽猶豫不決，最終為求活命而同意交出大權，繼續做「富家翁」。數日後，司馬懿以謀反罪名族誅曹爽兄弟及其親信。

司馬懿憑藉著非同尋常的君子特有的忍耐精神，「十年磨一劍」，最終一試霜刃，成功制敵，在歷史的舞臺上笑到了最後……

救命的眼淚

司馬懿年輕時和同郡的周生因事結怨，周生放出話來要司馬懿拿命相抵，司馬懿的好朋友胡昭（著名隱士、書法家）知道後立刻跋山涉水去尋找周生。

功夫不負有心人，胡昭最後終於在崤山澠池之間找到了周生，他請求他們放過司馬懿，周生開始不肯，但後來被胡昭真誠的淚水深深感動，同意了他的請求。

胡昭就這樣憑藉真摯的友情救下司馬懿的一條命。

「蜀國滅亡」這個鍋我不背

諸葛亮是西元二三四年在北伐前線的五丈原病逝的，那時，蜀國剛剛立國十三年。西元二六三年，劉備創立的西蜀在劉禪手裡被司馬氏控制的曹魏滅掉。兩者之間隔著雖算不上漫長卻也不短的三十年，如果貿然把蜀國滅亡歸咎於諸葛丞相，那麼這個時間差就是個不可逾越的障礙。

三國人物中，就綜合能力而論，最有資格和諸葛亮相互對抗的恐怕非曹操莫屬，他們一樣雄才大略，慧眼獨具，一樣文武雙修。

雖然魏蜀吳三國中，第一個遭遇亡國之難的是蜀國，但其實最早衰亡的是曹魏帝國——曹操死後僅僅過了二十年，魏國的軍政大權就已經從曹操家族轉到了同姓的曹爽手裡，十年之後再次易手，完全落入司馬氏囊中。奇怪的是，好像從來沒有人就魏國早衰一事向曹操發起責難，懷疑他運籌生前，決勝身後的能力，而只是宿命地認為這是上天對他們父子篡漢的懲罰報應，或者將其歸因於司馬氏父子的狡詐陰險、手腕高明。

既然人們不認為曹操對曹魏的衰亡負有責任，那麼蜀國滅亡也應與諸葛亮無關，不但如此，諸葛亮生前為蜀國定下的人事安排，也完全受得住歷史的考驗。

試問，三國後期政局最穩定的是哪國呢？毫無疑問是諸葛亮身後的蜀國。

魏國從西元二三九年起先是曹爽專權，繼而發生高平陵政變，接下來就是司馬氏欺君廢君乃至弒君的十五年。同時期的吳國則先後經歷了孫權晚年的亂政、諸葛恪專權、孫峻專權，後來好不容易有了一個有自由的皇帝，卻是個出了名的暴君。

相比之下，蜀國政壇稱得上風平浪靜，一派和諧。諸葛亮薦舉的蔣琬和費禕先後擔任宰相，二人不但做到了濟世安民，而且得到了國家元首後主劉禪的充分信任。之後接任的姜維雖然引起過後主的猜疑，但君臣二人的關係總體上還是比較融洽的。因此可以說正是有了諸葛亮的高明安排，才保證了蜀國的長治久安。

那麼，蜀國為什麼會早於魏吳兩國滅亡呢？這主要是由於西蜀的綜合實力和地理位置決定的。

魏蜀吳三國之中，魏國占有了東漢的七、八個州，吳國擁有三個州，而蜀國卻只有益州一州之地和蠻荒落後的南中地區。就人口而言，蜀國人口僅僅九十萬，大約是魏國的五分之一，和吳國相比也不到其二分之一。在這種情況下，司馬氏若想統一南方，肯定會先挑蜀國這隻軟柿子開刀。

在防禦魏國上，吳蜀兩國各有一道天險可以倚恃，吳國是長江，蜀國是秦巴山脈。魏國的水軍實力遠遠不如吳軍，因此不會貿然向吳國發起全面進攻。但如果魏國先從陸路征服西蜀，然後從長江上游順流直下，則平定東吳指日可待。所以，當鄧艾帶兵暗度陰平天險成功時，蜀國的覆亡已經難以挽回了。

如果非要讓諸葛亮為蜀國的滅亡擔負一份責任的話，那就是他沒能使他的兒子諸葛瞻成為一位運籌帷幄，能征慣戰的軍事家。但這事好像也怪不得諸葛亮，因為他去世時，諸葛瞻只有七歲，應該是姜維沒有把老師的兒子教育好。

最近幾年，為了全面深入地看待歷史人物，避免以偏概全的錯誤，我們一直在尋找正面人物身上的缺點，搜尋反面人物身上的亮色，這無可厚非，但不應矯枉過正。如果因為求全責備而使得仁人志士灰頭土臉，因為人性關懷而把奸邪小人弄得

諸葛亮的發明

木牛流馬、八陣圖除外，諸葛亮還有很多發明創造。

相傳諸葛亮擔任軍事中郎將時，因解決糧食問題，向百姓詢問了當時名為「蔓菁」的野菜的種植方法，並下令士兵開始種蔓菁，補充軍糧，後世便把這菜稱為「諸葛菜」。傳說諸葛亮南征孟獲時，有人提議用人頭來祭祀瀘水河神以消除瘴氣，諸葛亮是人道主義者，自然不能答應，他想出了一個絕妙的好辦法，用麵粉做成人頭的形狀來替代人頭，以此忽悠河神，這就是饅頭的由來。

在山區的居民過去要放送消息，會施放孔明燈，相傳是諸葛亮所傳下來的。在雲南（三國時期南中之地），佤族百姓傳說諸葛亮曾教他們祖先蓋房子、編竹籬；傣族百姓傳說當地的佛寺大殿屋頂就是仿照諸葛亮的帽子建造的，又有一說諸葛亮南征時發明一種銅鼓，稱為「諸葛鼓」，白天用來做飯，晚上可以用來敲擊報警。

國家圖書館出版品預行編目(CIP)資料

國文老師沒教過的三國 / 憶江南著．——初版——新北市：晶冠，2019.08
面；公分．——（新觀點；12）
ISBN 978-986-97438-4-6（平裝）
1.三國史 2.通俗史話
622.3 108011944

新觀點 12

國文老師沒教過的三國

作 者 憶江南
副總編輯 林美玲
特約編輯 李美麗
校 對 謝函芳
封面設計 王心怡
出版發行 晶冠出版有限公司
電 話 02-7731-5558
傳 真 02-2245-1479
E-mail ace.reading@gmail.com
部落格 http://acereading.pixnet.net/blog
總代理 旭昇圖書有限公司
電 話 02-2245-1480（代表號）
傳 真 02-2245-1479
郵政劃撥 12935041 旭昇圖書有限公司
地 址 新北市中和區中山路二段352號2樓
E-mail s1686688@ms31.hinet.net
旭昇悅讀網 http://ubooks.tw/
印 製 福霖印刷有限公司
定 價 新台幣350元
出版日期 2019年08月 初版一刷
ISBN-13 978-986-97438-4-6